이승만의
자유 정신
FREEDOM SPIRIT

이승만의 자유 정신

발 행   2024년 9월 20일

지은이   현영갑
발행인   윤상문
편집인   이은혜, 이대순
디자인   박진경, 표소영
발행처   킹덤북스
등 록   제2009-29호(2009년 10월 19일)
주 소   경기도 용인시 기흥구 동백동 622-2
문 의   전화 031-275-0196 팩스 031-275-0296

ISBN 979-11-5886-318-0 03230

킹덤북스
Kingdom Books

킹덤북스(Kingdom Books)는 문서 사역을 통해 하나님의 나라를 확장하고,
한국 교회와 세계 교회를 섬기고자 설립된 출판사입니다.

FREEDOM SPIRIT

이승만의

자유
정신

현영갑 지음

킹덤북스
Kingdom Books

목차

이승만의 자유 정신

인사말

대한민국을 건국한 초대 대통령은 누가 뭐라해도 이승만 대통령이다. 아무도 가보지 않았고 실험해 보지도 못한 그리고 한반도가 이 지구상에 존재하기 시작한 이래 그 누구도 감행해 보지 못했던 자유 민주주의 정치 체제의 초석을 놓는다는 역사적 사명은 이름만 바뀐다고 그리 쉽게 바뀌는 일이 아니다. 자유 민주주의 정치 체계는 인류의 유구한 역사를 통하여 창조주가 인류에게 허락한 자유라는 가치를 가장 효율적으로 구가할 수 있는 정치 제도인 것을 아는 사람만이 누릴 수 있는 고귀한 가치관이라는 사실을 알아야 누릴 수 있는 제도요 고도화된 정치 기술이다.

이승만 건국 대통령은 이러한 역사적 절차를 알았기에 초지일관 그의 온 생애를 던져 자유 대한민국의 건국과 존속을 위해 이를 반대하는 공산주의와 때로는 자신들의 이익만을 추구하는 국제 사회와의 투쟁을 통하여 자유 대한민국을 지켜낸 불세출의 영웅인 것이다.

이승만 건국 대통령의 이러한 위대한 건국 정신을 우리 후손들에게 알리는 길이라면 할 수 있는 모든 방법을 동원해 건국 대통령 이승만에 대한 조각 조각들의 기억들을 퍼즐을 맞추듯 하나로 만들어 지금까지 못난 후손을 만나 건국 대통령의 위대한 업적을 폄하 당하고 부정당했던 건국의 아버지들께 우리의 못남을 반성하고 용서를 빌어야 한다.

이 길이야말로 건국의 아버지 없이 국제적 호로 자식이었던 우리가 대한민국의 떳떳한 주권 국민이요, 이 세상에 자유 민주주의의 올바른 가치 이념을 전파하는데 이바지하는 세계의 일원이 되는 것이다.

이승만 건국 대통령은 40여 년간을 외교 독립론을 펼치면서 열강들을 향해 주창했던 우리 나라가 일본 제국주의로부터 독립해야 하는 합리적인 이유는 대한독립이야말로 일본의 세계 정복의 야욕을 분쇄하고 동북 아시아와 세계 평화에 이바지할 수 있기 때문이었다.

앞으로 필자는 이승만 건국 대통령이 한성 감옥에서 쓴 책 『독립정신』의 근간이 되는 그의 자유 정신이 무엇이며 당신의 건국 정신이 대한민국의 현대화와 선진화에 어떤 영향을 끼치게 되었는지를 글로 연재 중인 자료들을 책으로 엮어 이승만 건국 대통령을 알리고 목회자로서 이승만의 신앙 정신을 되세기면 대한민국의 교회가 다시 부흥의 길로 들어 설 수 있음을 확신하며 최선을 다할 것이다.

이 책을 읽으시는 독자들께서 잘된 부분은 격려해주시고 잘못된 부분은 지적해 주셔서 후손들에게 물려줄 좋은 참고 자료가 되기를 바라는 마음으로 글을 시작하려 한다.

1장

...

창조주가 복으로 선물한 자유

"인류 역사를 통틀어 인간에게 가장 소중하게 여겨진 인류의 가치는 무엇일까?"를 먼저 생각해 보자.

이 질문은 모든 인류의 입에서 입으로 회자되어온, 그리고 지금까지도 계속하여 질문 되어지는 문제일 것이다. 모든 철학적 사유의 핵심, 그리고 인류가 추구하는 최고의 가치관인 자유, 사랑, 생명, 진리, 정의, 평화, 행복 등 여러 가치들 중에 최상위의 가치, 그 해답은 "자유"라고 감히 말할 수 있다.

자유가 없는 사랑이면 오히려 속박이며, 자유가 없는 생명은 노예가 되고, 자유가 결여된 정의는 불의가 된다. 그리고 자유를 잃은 진리는 외설이 되며, 자유가 없는 평화는 굴종적 거짓 평화가 되고 자유를 잃은 행복은 불행이 된다.

목회자로서, 한 세상을 살아가는 믿음을 위하여 몸부림치는 한 인간으로서 그 해답을 성경에서 찾아야 한다고 생각한다. 그리고 인류 역사상 가장 존귀한 하나님이 주신 책, 성경이 주는 답이라면 정답이라고 확신할 수 있기 때문이다.

성경은 아예 그 답을 성경의 첫 장인 창세기 1장 1절에 밝히고 있다. "태초에 하나님이 천지를 창조하시니라." 태초라는 시간을 의미하는 단어와 공간을 의미하는 천지라는 단어는 시공을 뛰어넘어 자유로운 사차원의 세계에 영으로 존재하시는 하나님이 당신의 피조물들을 위하여 창조하신 것이다. 시간과 공간 곧 우주의 주인이신 하나님은 시공을 초월하는 존재이므로 당신의 존재 자체가 '자유'라는 의미이다. 이 자유라는 단어를 알면 알수록 소중한 만큼 조심스럽고 경외스럽다. 마치 존귀한 보석을 몸에 지니고 다니면 몸가짐이 더욱더 조심스러운 것같이 말이다.

왜냐하면 하나님의 이름이 '자유(스스로 자自, 유래할 유由)' 라는 말이기 때문이다. "야훼(YHWH)": '나는 나다', '스스로 존재하는 자'라는 의미다. 하나님은 그 누구에 의해 피조되어진 존재가 아니라 스스로 존재하시는 창조주이기에 그렇다. 그분의 이름 '스스로 존재하는 자"를 한문으로 보면 자유(스스로 自, 유래할 由자로 되어 있다)이다. 곧 하나님의 이름 자체가 자유라는 말이다. 그래서 하나님의 이름인 자유를 알면 알수록 두렵고 떨린다. 내게 소중한 이 자유를 누리기 위하여 혹시 다른 사람의 자유를 침해하고 있지는 않는지 더욱 조심스러운 것이다.

이토록 거룩하시고 소중하신 하나님의 이름이 자유라면 하나님은 이 자유를 어떤 방법으로 사람들에게 전수해 주셨는가?

1) 본능적 자유(Liberty)

하나님은 첫 사람 아담과 하와를 지으시고 그들에게 복을 주셨다. "생육하고 번성하고 땅에 충만하라."(창 1:28) 모든 피조물은 본능적으로 생육, 번성, 땅에 충만하려는 욕구(본능)를 가지고 있다. 이것이 Liberty 자유다. 무엇이든 자기 본능에 이끌리는 대로 하고 싶은 대로 하는 자유이므로 본능적 자유라고 하자.

하나님이 인간에게 주는 복은 이 땅에서 생육하고 번성하고 땅에 충만하여 하나님이 지으신 이 땅을 다스리는 것이다. 하나님이 만드신 우주라는 공간에 하나님의 뜻대로 만드신 피조물들이 편만하게 채워지도록 피조물들을 다스리는 것이다. 이 사명을 감당하기 위해서는 먼저 본능에 충실해야 한다.

사람이 살기 위해서는 먼저 먹어야 한다. 먹어야 육체의 건강을 유지할 수 있기 때문이다. 먹는 본능이 없이는 자라고 성장할 수 없다. 생육하기 위해서는 식욕(食慾)이 중요하다. 식욕이 없이 음식을 먹을 수 있는가? 식욕 없이 음식을 먹으면 그 음식은 양식이 아니라 사료일 뿐이다. 단지 먹기 위해 사는 식충이가 된다. 인간이 살기 위하여 음식을 먹으면 양식이 되지만 먹기 위하여 음식을 먹으면 사료가 된다. 그러므로 인간은 살기 위하여 반드시 먹기 위한 욕구(desire)가 필요한 것이다. 이것이 먹음에 대한 신학이다.

또한 인간은 번성하기 위해서는 반드시 성욕을 추구해야 한다. 성욕이 없이 어찌 자녀를 생산할 수 있을까. 모든 피조물들의 궁극적 삶의 목표는 후손을 남기는 것이다. 이것은 하나님이 주신 본능적 욕구(desire)이기 때문이다.

하나님이 인간에게 부여한 복 중의 또 하나는 소유욕이다. 소유욕이 없이는 땅에 충만할 수가 없다. 만약 인간에게서 소유욕을 타자가 제어하려 하면 인간 사회는 발전할 수 없다. 공산주의가 인간의 본능인 소유욕을 국가가 통제하는 공유 재산 제도를 추구하다 70년 만에 그 실험의 결정이 난 것이 공산주의 국가의 몰락이다. 하나님이 인간에게 복으로 주신 사유 재산의 소유권에 대한 욕구는 자본주의 사회가 발전하는 기본이며 가장 큰 요소 중의 하나이기 때문이다.

하나님이 인간에게 부여한 본능적 자유인 복은 인류 발전의 근본 요소이다. 이 복은 인간을 통하여 모든 생물에게도 적용되는 것이다. 다른 피조물의 세계에서도 식욕과 성욕은 똑같이 적용되지만 소유욕에 대한 요소는 각각의 피조물마다 차이가 있다. 어쨌든 하나님이 지으신 모든 피조물들에게 각기 복을 주셔서 이에 따라 지구상에 자연 환경이 만들어지고 생태계가 형성되어 지구 환경은 아름다워지는 것이다.

2) 인지적 자유(Freedom)

그러나 인간이 하나님이 주신 복인 자신이 하고 싶은 데로 마음껏 행하는 본능적 자유만을 추구하면 모두가 함께 죽는다. 즉 공멸하고 만다. 16세기경 영국의 정치 철학자이자 최초의 민주적 사회계약론자인 토마스 홉스(1588-1678)는 근대 정치 철학의 토대를 마련한 책 『리바이어던』에서 인간이 본능적 자유(자연 상태)만을 위해 살게 되면 만인에 대한 만인의 투쟁(라틴어: Bellum omnium contra omnes,: The war of all against all)으로 공멸할 것이라고 주장하였다. 토머스 홉스는 본능적 자유를 자연 상태로 보아 자연 상태의 인간 존재에 대해 '리바이어던'에서 사고 실험을 행하면서 내린 결론이다. 이것을 아는 것이 진리다.

홉스가 말하는 '리바이어던'이란 단어는 구약 성경 '욥기' 제

41장 1절, "네가 능히 낚시로 악어(leviathan)를 낚을 수 있겠느냐"라는 구절에서 따왔다. 성경 번역자들은 리바이어던을 악어로 번역하였지만 이것은 신비적인 바다 괴물을 의미한다. 홉스는 국가를 무시무시한 리바이어던으로 이해하였다. 국가는 절대 권력을 가진 존재로 두려운 도구지만 인간 사회의 평화를 유지하기 위해서는 불가피한 존재로 파악하였다. 국가는 구성원들의 계약에 의해 성립되므로 최초의 계약자들은 신중하게 계약을 만들고 이것을 만든 이상 성실하게 준수해야 하는 것이다. 국민이 선출한 대표자들이 헌법을 만들고 국민투표에 의해 확정하고도 헌법을 부정하거나 파괴하는 행위를 서슴지 않는 사람들을 리바이던과 같은 힘으로 다스리는 존재로 국가를 보았다.

　Liberty 자유 속에 던져진 인간은 "욕심이 잉태하여 죄를 낳고 죄가 장성하여 죽음에 이르게 된다"(약 1:15)고 성경은 경고하고 있다. 성경은 하나님이 인간에게 부여한 복 즉 본능적 자유가 나쁜 것이 아니라 욕심을 부리는 마음을 '욕심이 새끼를 치는 것이 나쁜 것'이라고 가르치고 있다. 식욕, 성욕 그리고 소유욕은 꼭 필요한 것이다. 그러나 욕심을 부리지 않도록 절제할 수 있는 도구가 있으면 좋으련만 불행히도 인간에게는 욕심을 절제할 수 있는 도구(tool)가 없다는 것이 문제이다.

하나님의 딜레마는 '하나님이 지으신 이 세상이 발전하기 위해서는 사람에게 주신 복 즉 본능적 자유가 반드시 필요한데 이 상태로 방치하면 모두가 공멸한다'는 근본적 현실을 외면할 수 없는 것이다.

이러한 사실을 너무나 잘 아시는 하나님은 이 본능적 욕심을 절제하도록 인간의 마음을 절제할 수 있는 도구를 마련하는 것이 시급한 문제였다. 이를 위하여 하나님이 아담과 하와에게 주신 첫 약속이 선악과의 언약이다. 하나님과의 약속을 지키면 그의 품안에서 자유롭게 살 수 있지만 이 약속을 어기면 약속을 어긴 책임을 져야 한다.

그러나 불행하게도 첫 인류 아담은 하나님과의 언약을 지키지 못하고 거짓의 아비 사탄의 꾀임에 속고 말았다. 이것이 인간의 한계이다. 인간은 자신의 본능인 욕심을 절제하지 못하는 limited된 존재(에노스, Enos; 죽을 수밖에 없는 존재)인 것이다. 그러므로 인간의 이성은 불완전한 것으로 하나님과의 약속을 지키지 못하면 죽을 수밖에 없는 존재로 타락한 인간에게 죄와 죽음이라는 족쇄가 채워진 것이다. 따라서 인간의 이성을 완전한 것으로 착각하는 공산주의는 그리스도의 적이다.

진정한 자유를 잃은 인간에게는 다시 하나님과의 약속을

맺어야 한다. 그러나 두 번째 언약으로 나가기 위해서는 인간에게는 자신의 행위에 대한 책임을 져야 한다. 이 사실을 인지하는 자유, 이것이 Freedom의 자유다. 인간은 무엇이든 하고 싶은 것을 마음대로 할 수는 있는 자유가 있지만 반드시 자신이 행한 행동에 대한 책임을 져야 하는 존재인 것이다.

'당신은 사랑받기 위해 태어난 사람'이란 복음송이 있다. 사람이 하나님께 사랑받는 존재로 만들어졌다면 하나님은 그 사랑을 지키기 위해 끝까지 책임을 지는 사랑을 하신다. 그 사랑의 약속으로 오신 분이 예수 그리스도시고 그 사랑을 고백하는 역사가 하나님의 구속사다.

이제 인류는 Liberty의 자유로 갈 것인가? 아니면 Freedom의 자유로 나갈 것인가에 대한 선택의 귀로 앞에 서 있다. 그러나 인류 역사의 경험상 너무도 소중한 Liberty 자유에 빠지게 되면 사회적 동물인 인간 세상은 정글의 법칙과 같이 힘센 권력자가 다른 사람의 자유를 간섭하게 되는 독재자나 전체주의 그리고 공산주의자로 변질되고 만다는 것이 인류가 얻은 교훈이다. 하나님의 말씀을 어기면 Liberty의 자유가 방종이 되어 자유만능주의(Liberalism)에 빠지게 된다는 것이 인류가 자유를 위하여 피 흘리며 싸워 얻은 교훈이다.

인간에게는 하나님이 복으로 주신 본능적인 욕심(desire)이 있지만 자신의 행동에 대한 책임을 져야 한다. 하나님은 인간에게 무절제한 자유를 허락하면 욕심이 잉태하여 죄를 낳고 죄가 장성하여 죽음에 이른다는 사실을 아셨기에 하나님과의 약속을 지키며 말씀으로 자신을 절제하도록 Freedom의 자유를 허락하신 것이다. 하나님은 자유라는 단어는 분명히 우리에게 필요한 가치지만 자유가 소중하면 할수록 이것을 지키기 위한 책임감을 강력히 요구하신다.

3) 이승만이 깨달은 자유 정신

청년 이승만이 한성 감옥에서 쓴 『독립정신』의 핵심은 자신을 책임질 수 있는 자유자로서의 개인이 국가의 주인이 되는 세상을 실현시키고자 한 청년 개혁가로서의 몸부림이다. 여기서 '자유인'이란 독립적으로 누구의 도움도 받지 않고 스스로 설 수 있으며 자신이 행한 행동에 대한 철저한 책임을 지고 여호와 하나님처럼 자신의 identity를 분명히 "나는 나다"라고 자신 있게 말할 수 있는 개인이다.

1775년 3월 23일, 버지니아주 리치먼드의 세인트존 교회, 버지니아 식민지 협의회는 이곳에서 식민 정부 대영 제국에 대항하기 위해 민병대를 조직하기 위해 저들의 눈을 피해 주도인 버어지니아의 윌리엄스버그가 아닌 리치먼드에 모였다. 여러 사람이 발언했지만 의견이 사분오열로 나뉘었다.

　그때 한 사람이 용기 있게 나섰다. "의장님, 사태를 완화시키려는 것은 이제 헛된 일입니다. 여러분은 평화, 평화를 거듭 외치고 있지만, 평화는 없습니다. 전쟁은 실제로 이미 시작되었습니다. 다음에 북쪽에서 불어올 강풍은 우리의 귀에 무기가 맞부딪치는 소리를 들려줄 것입니다. 우리의 형제들은 이미 전쟁터에 있습니다. 그런데 우리는 왜 한가롭게 시간을 허비하고 있는 겁니까? 여러분이 바라는 것은 무엇입니까? 여러분이 가진 것은 무엇입니까? 쇠사슬을 차고 노예가 되어가고 있는데도, 목숨이 그리도 소중하고, 평화가 그리도 달콤하단 말입니까? 전능하신 하나님이시여! 길을 인도해주십시오. 여러분들이 어떤 길을 선택할지 모르지만, 나는 이렇게 외칩니다." "내게 자유가 아니면 죽음을 달라."

　이승만이 태어나기 100년 전, 1775년 미국의 독립을 위하여 외친 Patrick Henry의 이 부르짖음에 영국의 식민지였던 미국이 일어섰던 것처럼 청년 이승만은 이 글을 읽고 가슴이 불타올랐을 것이다. 구한말 낡은 탐관오리들로 국세는 점점 기울고 외세의 침략은 추운 겨울 북풍처럼 닥쳐오는데 조국의 현실은 풍전등화처럼 흔들리는 가운데 선교사들로부터 배운 자유 민주주의에 대한 염원은 차가운 감옥도 그의 뜨거운 열정을 식히기엔 역부족이었다. 그가 다른 사람들보다 먼저 깨달은 것은 바로 자유였다. 자유가 모든 것의 시작이요 목적이라는 사실을...

하나님의 구속사를 알게 되면 자유가 얼마나 중요한지 알게 된다. 그러므로 주의 영을 믿는 사람은 자유를 얻게 된다. "주의 영이 계신 곳에 자유함이 있느니라"(고후 3:17). 무엇이 옳은 삶인가? 올바른 삶의 방법은 무엇인가? 좋은 세상이란 어떤 것인가? 나는 더 좋은 세상을 만들기 위해 무엇을 해야 하는가? 청년 이승만은 차가운 감옥 속에서 착고를 목에 걸고 감옥 속 친구가 넘겨주는 성경책을 읽으면서 복음을 통해 처절하게 깨닫고 마음이 움직였을 가치관은 너무나 소중한 자유라는 가치였다.

2장

...

대한민국의 모세로 부름받은 이승만

이승만을 상징하는 이미지를 떠올리면, 몰락한 왕실의 16
대손으로 구한말 근대사에서 가장 극심한 격변기인 1894
년 당시, 고부 민란(1.10), 김옥균 암살(2.22), 동학군 1차 봉기
(3.21) 및 전주성 점령(4.27), 갑오개혁(6.25), 김홍집 내각 출범
(7.15), 10년간 조선을 좌지우지하던 청나라의 원세개의 중국
귀국(7.18), 청일 전쟁(7.25), 동학군 2차 봉기(9.3), 홍범 14조 제
정(12.12) 등 일련의 사건들 그야말로 세찬 파도가 내려치듯
정신없이 휘몰아치는 개화기의 숱한 정치적 풍랑을 거치면
서 백성을 노예화 하는 왕정 체제를 부정하고 차츰 국민이 주
인이 되는 자유 공화주의자가 되면서 구한말 무능력으로 일
관하는 고종 퇴위 운동에 가담한 죄로 한성 감옥에 갇히게 된
영어의 몸으로 자유를 향한 부르짖는 개혁주의자로서의 이
승만이 떠오른다.

다음으로 세계 정세를 제대로 읽지 못하여 우왕좌왕하다가

잃게 된 나라를 당시의 국제 질서 속에서 세계 정세를 정확하게 파악함으로 외교 독립론으로 되찾겠다는 독립운동가로서의 이미지, 78%의 반대에도 불구하고 새로운 나라를 자유 민주주의 공화국으로 건국한 대한민국 초대 대통령, 그리고 영국과 미국처럼 기독교를 근본으로 삼는 국가가 세계를 선도하는 선진 국가인 것을 알고 기독입국론으로 나라를 건국한 기독교 장로로서의 독실한 신앙인일 것이다. 이것을 좀 더 일반적인 의미로 서술하면 국가를 위한 불타는 애국심과 정치제도로서 자유 민주주의 신봉자, 그리고 자유와 생명을 소중히 여기는 독실한 기독교인이라고 표현할 수 있을 것이다.

그러나 그의 삶이 완벽하게 다 잘했다고 주장하는 것은 아니다. 그도 인간인지라 잘못이 없었다고 말할 수는 없다. 그는 4.19 혁명이 일어나고 많은 학생들이 죽고 다쳤다는 소리를 듣고 다 자신의 잘못임을 인정했고 하와이로 요양 차 떠난 후 그를 찾아온 양아들 이인수 박사에게 제일 먼저 물은 것이 다친 학생들에 대한 소식이었을 정도로 그들에 대한 미안함을 나타내는 솔직한 사람이었다.

그러나 우리가 분명히 알아야 할 것은 그는 미국에서 독립운동을 하면서 단 한 번도 일본 여권을 가진 적 없이 독립운동을 했고, 안중근 의사조차도 과거로 돌아가길 원했던 대한

제국이 아닌 새로운 자유 대한민국의 탄생에 앞장섰고, 일평생 집 한 채 소유하지 않은 청결한 기독교인으로 살았다는 것이다.

그렇다면 이런 그의 삶이 시작되었던 전환점이 무엇이었으며 반대파들에게 고집쟁이라는 소리를 들어가면서도 끝까지 자유 민주주의 정치 체제의 의지를 꺾지 않은 신념은 과연 어디로부터 온 것인지를 알아보는 것이 중요하다.

1) 하나님께 모세처럼 부름받은 청년 이승만

제사장 족속의 레위 가문에서 태어난 모세가 세파가 흘들리는 듯한 강물에 흔들리는 물결의 넘실거림을 뚫고 바로 왕의 공주의 손에 구출을 받아 허울 좋은 바로의 가문에서 자랐듯이 이승만은 1875년, 허울 좋은 양녕대군의 16대손이자 6대 독자로 황해도 평산에서 태어났다. 일본에서 임진왜란 이후 정한론(征韓論)이 다시 일어나, 일본 군함이 강화도를 포격하고 일본군이 현재의 인천 공항이 위치한 영종도에 상륙하여 조선 수군과 격전을 벌렸던 운요호 사건이 일어난 해였고 이듬해 조선은 불평등한 강화도 조약에 따라 일본에 개항을 하게 되는 수모를 겪는 해였다.

3세 때 서울로 이주하여 이승만은 19세 때(1894)까지 다른 양반집 자제와 마찬가지로 과거(科擧) 등과를 목표로 서당 공부를 했고 6세 때 천자문을 완전히 외운 그는 줄곧 서울의 낙동과 도동에 있는 서당을 다녔다. 대통령이 된 이승만은 어릴 때 낭만이 깃들여 있는 이서당을 잊지 못해 1957년에 이곳을 방문하고 친히 '연소정'(燕巢亭)…제비가 둥지트는 '정자'라는 이름을 지어 휘호하였다.

부모의 꿈은 이승만을 빨리 과거 시험에 합격시켜 집안을 일으키는 것이었다. 그래서 이승만은 가난한 살림에도 10년을 서당에 다녔고, 나이를 속여 13살 때부터 과거에 응시했다. 하지만 17번이나 번번히 낙방했는데 원인은 조정의 부패 때문이었다. 그나마 1894년 유일한 희망이었던 과거 제도마저 갑오개혁으로 폐지되자 절망한 19세의 이승만은 서당 친구 신긍우의 권유로 신학문을 배우기 위하여 "배양영제"의 기치를 내건 배재 학당에 들어가게 된다. 마치 성경 요한복음에 나오는 수가 성의 여인이 물을 뜨러 샘물가로 나갔다가 구세주 예수님을 만났듯이 서구 유럽의 신학문에 대한 열망이 하나님을 만나는 인생 최대의 모멘텀을 맞이하는 계기가 된 것이다.

조정의 부패로 17번의 낙방을 맛본 이승만은 신학문에 대한 관심은 오히려 더 불꽃처럼 불붙게 되었다. 이때 이승만에게 영어를 처음 가르친 노블(W.A.Noble) 의사, 벙커 (D.A.Bunker), 헐버트(H.B.Hulbert) 등 미국인 선교사 모두 아펜 젤러 못지않은 고학력과 사명감을 갖춘 인물들로 이승만의 허기진 신학문에 대한 탐구욕을 채우기에 충만했다. 이들 외 에 당시 배재 학당에는 한국인으로서는 최초로 미국의 정규 고등학교 및 대학 교육을 마치고 의사가 되어 미국 시민으로 귀화한 서재필(Philip Jaisohn)이 강사로 초빙되어 세계 역사, 지 리에 대한 특강을 하고 있었다. 한마디로 1895년 당시 배재 학당의 교사진은 요즈음의 한국 일류 대학의 인문학과 교수 진에 비해 손색없을 정도로 쟁쟁하였다.

1894년 이승만은 배재 학당에 입학하여 공부를 하면서 미 국인 선교사에게 한국어를 가르치면서 용돈을 벌었다. 입학 6개월 만에 초보 영어를 가르치는 조교가 될 정도로 영어에 특출한 재능을 발휘했다. 그러나 보다 중요한 것은 배재 학당 에서 만난 사람들로 인해 그의 사상에 일대 전환점을 맞이했 다는 사실이다. 배재 학당에서의 생활은 이스라엘 백성이 가 나안 땅에 들어가기 전 40년을 광야 학교에서 이집트 생활 동 안 몸에 배어든 노예 근성을 버리고 가나안 땅에 건설할 새로 운 국가를 세울 자유의 정신을 배웠듯이 기독교와 개화사상 을 받아들이는 시간이었다.

그에게 영향을 준 사람들은 주로 서양의 역사와 자유 민주주의를 가르친 미국인 선교사들, 주시경 등 한글학자, 이충구 등 뜻을 같이 하는 개화당 청년들, 10년 전의 갑신정변 주역 서재필 등인데, 그들과 어울리면서 이승만은 점차 자유주의에 대한 열혈청년이 되어갔다.

모든 사람은 천부적으로 평등하고 정부를 선택할 권리도 갖는다는 자유주의 사상과 민주주의 제도는, 군주제와 신분제의 굴레 속에서 살아온 이승만에게는 너무나 새롭고 놀라운 사실이었다. 감동을 받은 이승만은 중대 결심을 하기에 이른다. 양녕대군을 조상으로 모시는 사당으로 가 위패 앞에 엎드려 "시대의 변화에 따르겠다"는 선고식을 하고는 미국인 선교사의 집으로 가서 상투를 잘랐다. 개화파 청년으로서 새롭게 태어나는 순간이었다.

이는 모세가 호렙산에서 불타는 가시덤불의 야훼 하나님을 만난 회심의 순간처럼 숭고한 순간이었다.

이렇게 바뀐 자유 민주주의 정신으로 무장한 이승만은 독립협회 활동도 하고, 우리나라 최초의 일간지인 매일신문도 발간했다. 물론 직접 '기자'(記者)를 하기도 했다. 이때 이승만에 의해 기자라는 단어와 자유라는 용어를 최초로 쓰기 시작하였다.

1894년 청일 전쟁에서 승리한 일본이 그 대가로 요동반도를 빼앗았지만, 이듬해인 1895년 러시아, 프랑스, 독일의 3국 간섭으로 다시 돌려주게 되자, 조정에는 친러파가 득세하게 되었다. 일본은 이런 분위기를 바꾸려고 1895년 10월 민비를 살해한 을미사변을 일으켰다. 그러자 전국에서 백성들과 의병이 일어났고 이승만도 이에 동조하여 춘생문 사건에 가담했다.

1895년 11월, 이도철 등의 군인들이 춘생문을 통해 고종을 러시아 공사관으로 탈출시키려 했지만 실패하고 처형당하자, 이승만은 선교사와 누나 집으로 몸을 피해 다녔다. 1896년 2월 고종이 일본군 감시망을 피해 러시아 공사관으로 피신함에 따라(아관파천) 친러·친미 내각이 들어서자, 이승만도 서울로 돌아와 학업을 계속하여 1897년 배재 학당을 졸업할 수 있었다. 러시아 공사관으로 '망명'했던 고종이 경운궁으로 옮긴 지 6개월째 되는 여름 날 1897년 7월 8일 정동감리교회당에서의 졸업식은 대신들과 주한 외교사절들도 600여 명이 참석한 거대한 행사였는데 이승만은 졸업생 대표로서 '한국의 독립((The Independence of Corea)'이란 제목의 영어 연설을 했다. 22살의 이승만의 영어 연설을 들은 모든 참석자들은 그의 연설에 감탄하였다.

졸업 후 이승만은 매일신문과 제국신문을 발간하면서 언론인으로 국민 계몽에 나서는 한편 서재필, 이상재, 남궁억, 윤치호 같은 개화파들과 함께 결성한 급진적 단체 '독립협회'에서 배재 학당 학생들과 함께 행동대로 활동했다. 당시 조선 정부에 큰 영향력을 행사하던 러시아가 부산 앞바다 절영도와 진해만을 해군 기지로 조차하려고 하자, 독립협회는 독립신문을 통해 러시아의 야욕을 맹렬히 비난했다. 그리고 '만민공동회'와 같은 군중 집회를 열어 정부의 무능을 비판하고 개혁의 압력을 넣었다.

1898년 3월, 제1차 '만민공동회의'가 열렸을 때 이승만은 총대의원으로서 가두 연설과 대정부 투쟁에 앞장섰다. 화가 난 고종이 "군주제 폐지 및 공화제 도입 역적 모의" 혐의로 서재필을 미국으로 추방하고, 이상재, 남궁억 등 17명의 독립협회 간부들을 체포하자, 이승만은 수천 명의 군중을 이끌고 밤을 새워 회원들의 석방을 요구하는 연좌 시위를 벌였다.

이에 고종은 독립협회 간부 석방과 개화파 민영환을 위주로 한 새 내각을 구성하는 유화책을 썼지만, 이승만 등의 과격파는 더 철저한 개혁을 요구하며 시위를 계속했다. 그러자 고종은, 왕의 자문 기관인 '중추원'을 '의회'와 유사하게 운영하겠다며, 중추원 의관 50명 중 절반에 대한 추천권을 독립협회에 줬고, 독립협회 회장인 윤치호가 중추원 부의장이 되었다. 이때 23세의 이승만도 종9품 의관이 되었다.

한편, 일본은 이들 개화파 민선 의관들을 회유하기 위해 일본에 망명했던 친일파 청년들을 이승만에게 접근시켰다. 이승만도 일본의 문명 개화에 호감이 있던 때라 그들을 만났지만, "조선 독립을 위해 일본의 도움을 받아야 하며, 일본은 미·러와 전쟁을 해서 거대한 '대동아공영권'을 건설하게 될 것"이라는 주장에 더 이상 그들을 만나지 않았다. 고대하던 중추원이 열리고 이승만이 "개화파 사면 및 박영효를 중추원 의장에 임명할 것"을 고종에게 건의하자 고종은 격분했다. 박영효는 갑신정변의 주역인 역적이기 때문이었다.

고종은 이승만 주장의 배경에 박영효를 중심으로 하는 역적 모의가 있다고 보았다. 고종은 1898년 12월 중추원을 해산함과 동시에 독립협회 측 의관들에 대한 체포 지시를 내렸고 이승만도 체포되었다. 이승만은 몰래 반입한 권총으로 간수들을 위협하여 탈출을 시도했지만 곧 다시 체포되어 동료들과 함께 한성 감옥에 수감된다. 이승만이 겪게 될 수난을 통하여 대한민국의 자유 민주주의 국가의 싹이 트여지기까지는 또 다른 40여 년의 고난과 훈련의 시간이 필요했다.

서정주 시인의 싯귀처럼 한 송이 국화 꽃이 피기까지는 얼마나 많은 소쩍새의 울음이 자유라는 이름으로 울부르짖게 될지 자유는 결코 쉽게 오지 않는다. 자유의 충만은 무르익는 시간과 헌신하여 흘려지는 땀과 피의 양에 비례한다.

하나님의 뜻에 따라 건국된 대한민국이라는 자유 민주주의 국가가 세워지기까지는 수많은 투쟁과 피를 흘려야 그 대가로 자유를 쟁취하는 것처럼 이스라엘이라는 국가가 세워지는 피 흘리는 역사를 보면 대한민국이 얼마나 소중한 국가인지를 깨닫게 된다.

하나님은 인간에게 소중한 자유를 주시기 위하여 아브라함을 택하여 민족을 이루게 하시고 모세를 부르시어 이스라엘 백성을 자유의 땅 가나안으로 이끌게 하셨다. 그리고 여호수아를 부르시어 젖과 꿀이 흐르는 자유의 땅 가나안을 정복하게 하신다. 가나안 땅을 정복하기 시작한 지 400여 년 사사 시대가 지난 후 드디어 마지막 사사인 사무엘 선지자를 통해 사울 왕이 세워지고 결국 여호와 신앙의 자유를 지켜줄 제사장 나라인 이스라엘이라는 국가가 건국되는 과정이 이승만이 걸어야 할 길과 너무나도 비슷하게 오버랩 되고 있다는 사실을 아는 것이 하나님이 이승만을 통해 기독교 건국론을 말하게 한 이유이다.

3장

...

시련과 역경을 이겨야 얻을 수 있는 자유

대한민국 국가는 애국가다. 1919년 안창호에 의해 대한민국 임시 정부에서 스코틀랜드 민요인 '작별'에 삽입해서 부르기 시작하다가 1935년 한국의 작곡가 안익태 선생이 지은 《한국 환상곡》에 가사를 삽입해서 현재까지 부르고 있다.

가사의 작사자는 윤치호 설, 안창호 설, 윤치호와 최병헌(당시 정동교회 목사) 합작설 등이 있다. 개혁파에서 친일로 돌아선 윤치호의 작사설 때문에 대한민국 임시 정부에서는 애국가를 바꾸려 하였으나 대한민국 임시 정부 주석 김구의 변호로 계속 애국가로 채택하게 되었다. 이후 1948년의 정부 수립 이후 국가로 사용되어 왔으나 분명한 것은 가사에 "하느님이 보우하사 우리 나라 만세"라는 구절이 있다는 사실이다.

후에 밝히겠지만 애국가의 가사처럼 진정 하나님이 대한민국의 건국에 '기독입국론'으로 섭리하셨다면 이승만 초대 대통령은 이스라엘의 위대한 지도자 모세처럼 하나님에 의해 쓰임 받은 시대적 소명자임에 틀림없다. 그가 하나님의 종으로 쓰임 받았다는 사실은 부정할 수 없는 두 가지 사실이 이를 증명해 주고 있다.

첫째는 죽음의 문턱에서 기적적으로 예수님을 영접하고 기독교인이 되어 모든 선교사의 도움으로 미국 유학과 그들의 후원으로 5년 만에 박사 학위를 받고 당시 유럽과 미국의 청소년들을 일깨우던 YMCA의 서울 총무가 되어 한국에 귀국하여 한국의 청소년들을 일깨우고 복음의 자유 정신을 가르치게 한 일이요, 두 번째 기적은 이승만 같은 인재를 하나님은 모세처럼 대한민국 건국에 꼭 맞는 선지자로 세우셔서 1960년대 당시 대한민국 평균 수명이 남자가 51.1세인데 비해 이를 훨씬 넘긴 90세를 살게 하신 '하나님의 섭리는 무엇이었을까'를 아는 것이다.

이승만의 90평생에 가장 결정적인 순간은 한성 감옥에서 '성령'을 받고 회심한 사건이다. 이 회심 사건은 그동안 감옥에 갇힌 이승만을 위하여 눈물로 기도하던 선교사들의 결실이 맺어진 사건이기 때문이다. 청년 이승만은 과거 시험이 없어지자 신학문을 배우겠다는 신념으로 친구의 권유로 배재학당에 입학하자 실망하신 어머니께 야소교를 믿으려는 것이 아니라 신학문을 배우려 한다고 위로할 정도로 처음부터 기독교에 귀의한 것은 아니었다.

구테타 음모죄로 목에는 10kg 넘는 큰 칼을 메고 가슴과 두 팔 두 손목은 수갑과 오라 줄에 묶이고 두 발목은 무거운 작고에 넣어 자물쇠로 잠그고, 족쇄를 질질 끌며 날이면 날마다 끌려 나가 형틀에 엎어 놓고 묶여 고문을 받았다. 장정 두 명이 다리 사이에 옹이 박힌 몽둥이를 넣어 주리를 틀고 손가락 사이엔 세모난 대나무 토막을 끼워 살점이 떨어지도록 비틀었으며, 불에 달군 인두로 지지고 매질을 계속하니 피가 튀고 뼈가 으스러지는 고통을 어디에 호소할 데도 없는 상황에서 매일 사형수의 이름이 불려질 때마다 가슴을 조아리며 그런 형벌을 받은 뒤 감방 흙바닥에 시체처럼 내던져진 한 인간의 죽음의 순간, 피 흘리는 입술에서 비명 같은 기도가 통곡처럼 터져 나오기 시작했다.

"하나님, 저의 영혼을 구해 주소서. 오 하나님, 우리 나라를 구해 주시옵소서!"

이승만의 이런 기도는 마치 십계명을 받기 위하여 시내산에 올라 기도하던 모세가 더디오자 금송아지를 만들어 자신들을 인도한 신이라고 화목제를 드렸고 이를 아신 하나님이 분노하여 화를 내리자 어리석은 백성들을 위하여 중보 기도를 드리는 거룩한 지도자로서의 모세의 기도와 모습이 오버랩 되는 부분이다.

목숨까지 포기한 초죽음의 극한 상황에 처한 인간의 마지막 몸부림 속에서도 자기 욕심에 사로잡혀 준엄한 군주의 모습마저도 상실하고 갈팡질팡하고 있는 고종의 나라 조선과 착취와 고통 속에 울부짖는 무지몽매한 백성들을 위한 간절한 기도에 목이 곧아 교만한 이스라엘 백성을 용서하신 하나님께서 이승만의 기도에 응답해 주셨던 것이다.

"그 순간, 금방 감방이 빛으로 가득 채워지는 것 같았고, 나의 마음에 기쁨이 넘치는 평안이 깃들면서 나는 완전히 변한 사람이 되었다. 그리고는 선교사들과 그들의 종교에 대하여 가지고 있던 증오심과 불신감이 사라졌다. 나는 그들이 자기네가 매우 값지게 여기는 것을 우리에게 주려고 왔다는 것을 그때서야 깨달았다."고 고백했다.

그런 이승만이 '뜨거운 성령의 불 세례'의 은혜를 깨닫자 성경을 읽고 싶어졌다. 단발령 때 자신의 머리를 잘라준 에비슨 선교사에게 영문 성경과 영어 사전을 넣어달라고 부탁하고, 큰 칼을 쓰고 오라줄에 묶인 몸으로 '신약 성경'을 읽고 또 읽었다. 동료 죄수 한 명이 망을 봐주면 또 다른 한 명이 성경책을 한 장씩 넘겨주었다. 그때 받은 은혜가 너무 커서 이렇게 증언한다.

"그리하여 나의 마음속에 드리운 그 안위와 평안과 기쁨은 형언할 수 없었다." 마침내 죄수 이승만은 기독교의 회심(回心)을 통하여 성경을 믿고 예수를 따르는 '하나님의 종'이 되었다. 모든 것을 버리니 원죄를 속죄 받고 "영생불멸의 구원을 받았다"고 고백했다. 후에 그의 보좌관이 된 미국 대학 교수 올리버는 이렇게 기록했다. "이승만의 명상은 절반이 기도"라고. 그리고 영부인 프란체스카는 "대통령은 걸어가면서도 기도한다"고 일기에 적어 놓았고 6.25 전쟁통에도 매일 기도로 시작하고 기도로 나라의 상황을 하나님께 의뢰하였다.

그 순간부터 이승만의 사명은 '왕이 포기한 나라'를 다시 찾는 일이었다. 그리고 그것은 하나님의 방식대로 행하면 반드시 하나님이 응답하신다는 불굴의 신념으로 초지일관하였다. 다름 아닌 "기독교 선진국인 영국-미국과 동등한 나라를 만드는 '기독입국론'이 바로 그것이었고 그것을 아는 것이 힘"이었다.

1899년 한성 감옥에 투옥된 이후 이승만은 1902년 외국인 선교사의 도움을 받아 250여 권을 소장한 옥중 도서관을 만들었다. 1894년 갑오개혁으로 근대 수감 시설로 바뀐 한성 감옥에 '수감자 중 서적 보는 것을 청한 자가 있으면 필요한 것만 허락한다'는 규칙이 만들어졌다. 1902년 6월 투옥된 월남 이상재는 도서관 서기가 됐다. 수감자들이 주로 많이 본 책들은 이렇다. 세계 문화 및 미국 독립운동사를 소개한 캐나다 선교사 제임스 게일이 쓴 『유몽천자』, 프랑스 혁명 등 19세기 유럽사를 기술한 저자 불명인 『태서신사』, 청일 전쟁 역사서인 『중동전기』, 기독교 관점에서 유학을 비판한 에른스트 파버의 작 『자서조동』, 서구 정치 체제 및 근대 사상을 옹호한 에른스트 파버가 쓴 『경학불염정』, 근대 과학 백과 사전 『광학류편』, 러시아 정치 체제와 문화를 소개한 『아국정속통고』 등의 책들이다.

임정 초대의장 이동녕, 헤이그 특사로 파견된 이준, 민족대표 33인 중 한 명인 이종일도 감옥 도서 장부에 이름을 올렸다. 이를 보면 한성 감옥이야말로 대한민국 근대 개혁 정신을 싹 틔운 배움의 터요 장이었다. "당대 지식인들은 감옥에서 서구 근대 사상을 탐닉하며 건국의 뼈대를 구상했고 한성 감옥은 구한말 근대 국가 수립을 모색하던 지식인들의 지적 탐구의 장이자, 독립운동가의 배출 통로로 기능했다"고 볼 수 있다.

한 사람의 변화가 세상을 바꾼다. 한 순간에 '변한 사람'이 되었다는 이승만, 사람이 변해도 이렇게 변할 수 있을까? 거리 투쟁을 하고 싶어 탈옥까지 감행했던 '열혈 급진파' 청년은 신약 성경을 읽고 찬송을 부르는 온순한 '어린 양'이 되어가고 있었다. 젊은 모세가 혈기를 절제하지 못하여 궁궐을 뛰쳐나가 광야로 도망쳤던 것처럼 이승만 역시 열혈 청년에서 하나님의 순한 양이 되어 있었다.

이승만은 타고난 '기록의 왕'이기도 하다. 배재 학당 입학 후 주요 기록은 물론, 한성 감옥 5년 7개월간 벌인 갖가지 활동을 깨알같이 기록해 놓았다. 더구나 그의 미국 유학 5년 이후 망명 35년간 일기와 각종 편지들, 저술 등 자료들은 또 얼마나 귀중한 현대사의 살아있는 자료가 되었는지 모른다.

이는 마치 모세의 기록, 모세 오경이 토라가 되어 이스라엘 백성들에게 가장 중요한 하나님의 말씀이 되었던 것처럼 오늘날 대한민국의 현대사는 이승만의 깨알같이 써내려 간 기록과 그가 만든 도서관, 그리고 복당 감옥, 감옥 학당에서 이루어졌다.

한마디로 청년 이승만에게 한성 감옥은 교회, 학교, 독서실, 영어 학원, 집필실, 대학 교실이 되었다.

특히 감옥에서 집필한 논설들과 저술들은 '삼천리 금수강산을 하나님의 나라'로 '한반도 자유민주공화국'을 세우는 건국 구상 등 오늘의 선진 대한민국의 원형을 구상 설계하였음을 한 눈에 보여주고 있다. 하지만 이승만은 처음부터 기독교를 국교로 하기보다는 '종교의 자유'를 중시하는 현대적 국민국가의 지도자를 자임하는 자유 민주주의 신봉자의 면모가 돋보인다.

"생지옥이 복당(福堂)으로 변했도다."

날마다 성경을 읽고 찬송가를 부르며 예배를 드린 이승만은 한성 감옥을 '복당 감옥'이라 불렀고 동료 죄수들이 합창한다. 이승만은 감옥서장 김영선에게 '학당 개설'을 요청한다. "백성으로서 죄를 범하는 것은 교화(敎化)가 안 된 탓인 것을, 백성 위에 있는 사람들이 사랑을 베풀 생각은 않고 그 죄만을 다스리려 하니 죄수들을 교화시키는 교육이 급하다"며 감옥 학교 개설을 허락받는다.

감옥서장 김영선은 개화파 대신 한규설의 절친으로 여러 차례 이승만을 보호해달라고 요청한 한규설의 편지들이 남아있어 두 사람이 이승만의 감옥 활동에 많은 편의를 제공하였음이 밝혀진다.

이승만은 당시 죄수 350여 명을 소년반, 성인반으로 나누어

'가갸거겨'부터 국사, 윤리, 산수, 세계 지리 등을 가르쳤고, 성경을 함께 읽고 강론하며 기도하고 찬송가를 합창하면서 초급 영어까지 큰 소리로 읽으니 생지옥은 그야말로 '복당'이요, 장안에도 드문 기독교 개화 학교가 되어 분위기가 일신되었고 새로운 정신이 싹트는 교육의 장이 되었다.

이스라엘이 40년의 광야 학교를 통하여 진정한 이스라엘 백성으로 거듭났듯이 이승만의 감옥 생활은 앞으로 건국할 자유 민주주의 대한민국의 실험실이었다.

기독교인이 된다는 것은 십자가의 고난과 고통을 이겨내고 죽음으로부터 부활하신 예수 그리스도를 구세주로 영접하는 신성한 개인적이며 인격적이기도 한 경험이다. 그러므로 신앙적으로 기독교인으로 거듭난다는 것은 지금까지 추구하던 자기 중심적 평안과 안락한 삶의 태도에서 어떤 고난과 고통도 이겨내며 나를 위한 삶의 모습이 아니라 십자가의 희생으로 인류에게 자유를 허락하신 예수님처럼 나보다 더 어려움에 처한 사람들을 위한 이타적인 삶, 그리고 개인의 유익보다는 다른 사람의 유익을 위한 삶의 방향으로 전환했다는 것을 의미한다.

하나님은 당신의 부르심에 응답한 소명자들을 그냥 사용하시지 않고 고난이라는 시험을 통하여 쇠를 녹여 정금과 같이 나오게 하는 용광로 단계를 거치게 한다. 먼저 자신의 세상적 육신을 위한 떡의 문제보다는 영적 양식인 하나님의 말씀을 먼저 먹게 하시며 자신의 명예와 세속적 요령으로 사는 것이 아니라 하나님의 영광을 위해 사는 태도를 견지하도록 단련시키시며 마지막으로 세상의 물질적 부귀영화보다는 천국을 소망하며 나가는 나그네와 같이 깨끗하고 청렴한 삶을 살도록 방향의 전환을 원하신다.

예수님도 세례 요한에게 세례를 받으신 후 광야로 이끌려 나가 사탄으로부터 오는 시험을 이기신 후 공생애를 시작하셨다. 하나님의 사역을 맡은 소명자들은 반드시 이 관문을 통과해야 한다. 성경에 나오는 모든 믿음의 선진들은 예수님처럼 시험을 이겨낸 사람들이다. 새살이 돋기 위한 고통 없이 어찌 상처가 치유되며, 땀과 눈물을 흘리며 애쓰는 훈련 없이 어떤 승리를 바랄 것인가?

유교 경전인 사서(四書: 논어, 맹자, 대학, 중용)의 하나인 맹자(孟子)의 고자장(告子章)에도 비슷한 말이 있다.

하늘이 어떤 사람에게 큰 일을 맡길 때에는 네 가지 역경과 시련을 주어서 그를 시험한다. (天將降大任於斯人也) 첫째는 그 사람의 마음과 뜻을 고통스럽게 하고, 둘째로 근육과 뼈를 깎는 고난을 당하게 하며, 셋째로 굶주림의 고난을 당하게 하며, 마지막으로 생활을 빈곤에 빠뜨려 하는 일마다 어지럽게 한다. 이는 그의 마음을 흔들어 참을성을 길러 주기 위함이며, 지금까지 할 수 없다고 포기했던 일을 할 수 있게 하기 위함이니라.

새로운 국가 이스라엘을 만들기 위해 모세를 택하신 하나님은 40년을 애굽의 왕자로 평안과 안락함에 젖은 삶을 살았던 모세에게 즉시로 그의 사명을 맡기지 않고 또 다른 40년의 훈련 기간을 갖게 하셨다. 광야에서 목축을 살피며 그의 근성을 자유인으로 훈련시키신 하나님께서는 호렙산의 경험을 통하여 드디어 모세에게 노예의 삶에 찌들어 살았던 이스라엘을 백성들을 이끌고 애굽을 탈출하는 대장정의 사명을 맡기셨던 것처럼 동방의 이스라엘을 건국하기 위하여 하나님이 택하신 이승만에게도 모세와 같은 지도자가 겪어야 할 시험과 관문을 통과하게 하셨다.

그렇다. 복음이 땅에 뿌려져 풍성한 열매를 맺게 하려면 밭을 갈아 엎는 창조적 파괴가 선행해야 하듯이 봉건 왕조주의의 때를 벗어버리고 자유 민주주의를 표방하는 나라를 세우려면 먼저 고통과 시련을 통한 국민들의 머리가 깨어나야 한다. 그런 국민들이야말로 자유 민주주의 국가를 만들어 자유를 누릴 권리와 자격이 있는 것이다. 예수님도 말씀하셨다.

"천국은 침노하는 자의 것"이라고, 자유는 결코 거저 주어지지 않는다. (Freedom is not free.) 자유는 자유를 위해 투쟁하고, 지키려고 열심히 노력하고 추구하는 자의 것이다. 자유 민주주의 국가는 봉건주의의 노예 근성을 버리고 자유를 알고 깨달은 국민이 세우는 국가 체제이기 때문이다.

4장

...

하나님의 국가 만들기 Project

1) 누가 국가를 만드는가?

지구상의 대부분의 국가는 정치적으로 보면 강력한 권력을 가진 권력자에 의해 세워진다. 권력자인 왕들은 자신들의 정통성을 확립하기 위하여 설화나 신화로 백성들에게 공동체로서의 민족적 공통성을 형성시키려는 자연스러운 경향의 산물로 그 기원을 둔다. 그리고 사회적 측면으로 보면 인간은 본질적으로 정치적 동물이며 약한 존재로 자신들의 안전을 보장받기 위하여 공동생활을 희구하기 때문에 이러한 본성의 정치적 자각을 통해 국가가 자연적으로 발생되었다고 볼 수 있다.

어찌되었든 연약한 존재로서의 인간의 본성은 국가라는 보호막을 갖게 됨으로 자신의 안전을 보장받게 된다. 그러므로 국가가 세워지는 3가지 조건이 일정한 영역(영토), 주민(국민), 독립(주권)을 갖고 있는 단일 정부하의 정치적 조직체로 구성되어진다고 본다. 그리고 국가의 역할은 다음과 같다.

(1) 국민의 생명과 안전 및 재산권의 보장
(2) 개인 및 집단 간의 갈등 조정 능력 확보
(3) 인간다운 생활을 할 수 있도록 다양한 복지 혜택 제공
(4) 세금 납부와 법률을 준수하려는 소속감의 욕구
(5) 민족 국가의 경우 민족의 전통, 문화의 보호 등이 국가의
존재의 이유가 된다.

이러한 국가와 국민 간의 계약 조건이 미국의 독립선언문 2
장에 정확히 표현되어 있다.

"우리는 다음과 같은 사실을 명백한 진리로 인정한다. 모든
인간은 평등하게 태어났고, 창조주는 양도할 수 없는 일정
한 권리를 인간에게 부여했으며, 생명권, 자유권, 행복 추구
권은 이러한 권리에 속한다. 이 권리를 보장하기 위해 인간
은 정부를 조직하였으며, 정부의 정당한 권력은 국민의 동
의로부터 나온다. 어떤 형태의 정부라도 이러한 목적을 훼
손하는 경우, 그러한 정부를 바꾸거나 없애고 국민의 안전
한 행복을 가장 효과적으로 보장할 수 있는 새로운 정부를

구성할 수 있는 권리가 국민에게 있다."

하나님은 당신이 부여하는 '여호와 신앙의 자유'를 지키게 하기 위하여 아브라함을 불러내어 국가를 만들 계획을 하셨다. 아브라함을 불어내신 하나님의 첫 명령이 "너는 본토 아비집을 떠나 내가 지시하는 땅으로 가라."는 명이다. 이는 하나님의 계획 속에 아브라함을 통한 민족(국민)과 그의 후손들이 살 땅(국토)를 염두하고 계신 말씀이다.

이러한 하나님의 계획(구속사)에 비추어 보면 창세기에 나오는 아브라함과 이삭과 야곱의 역할이 뚜렷이 구분된다. 먼저 아브라함에게 그가 살던 메소포타미아 지역인 현재의 이라크 남부 갈대아 우르를 떠나 지금의 튀르키예 남부 하란을 거쳐 가나안 땅으로 가게 하신 이유는 그를 통하여 씨족 사회를 만들고 이를 확대시켜 부족 국가를 만들어 결국은 이스라엘이라는 민족 국가를 만들기 위한 계획이었다. 아브라함이 갈대아 우르를 떠나 유프라데스 강을 건너 가나안 땅으로 왔기 때문에 사람들은 아브라함의 후손을 민족적으로 "유프라데스 강을 건넌 사람"이라는 뜻의 히브리인이라고 불렀다.

히브리 민족이라는 이름을 얻게 된 아브라함의 후손인 이삭은 가나안 땅에 살면서 일곱 개의 우물을 판다. 그 당시 재력과 인력 없이는 우물을 하나도 파기 어려운데 그가 정착한 곳마다 우물을 팠다는 사실은 분명히 하나님의 의도가 있었던 것이다. 아브라함이 가나안 땅에 들어 갔을 때는 이미 그 곳에는 블레셋 (영어로는 팔레스타인) 사람들을 비롯한 여러 족속들이 거주하고 있었다. 이런 땅에 우물을 7개나 팠다는 사실은 그 땅은 이미 이삭의 소유의 영토라는 사실을 증명해 주는 대목으로 Territorial Marking에 해당되는 구속사적으로 중요한 역할을 의미한다고 볼 수 있다.

성경은 왜 이삭에게 쌍둥이 형제 에서와 야곱을 주셨을까? 여기에도 분명한 하나님의 의도가 숨어있는데 그것은 둘 중에 야곱을 택하여 여호와 하나님의 신앙 공동체를 만들기 위한 포석이었다. 야곱은 에서에 비하여 인간적으로는 야비하고 꾀가 많은 사람이지만 하나님의 말씀에 무릎을 꿇을 줄 아는 사람이었다. 결국 하나님은 야곱에게 12아들을 주어 12지파로 구성되는 신앙 공동체를 만들어 내신 것이다. 성경적으로 12라는 숫자는 많다는 전체를 의미하는 개념이다. 우리 조상들도 12대문을 짓는다는 말로 많음과 부를 의미한다고 보면 인류의 보편성은 역시 우리 모두는 하나님으로부터 왔다는 사실을 증거하고 있다.

아브라함을 통하여 국가의 비전을, 그리고 이삭을 통하여는 국가를 이루는 영토를 확정하시고 야곱을 통하여는 신앙 공동체 민족(국민)을 이루시는 하나님의 비전을 볼 수 있어야 왜 하나님은 이스라엘 국가를 만들기 위하여 그렇게 애를 쓰셨는지, 이스라엘을 통하여 이 땅에 오신 예수님이 선포하신 자유를 위하여 세워진 나라가 어떤 나라인지, 그리고 그 나라를 통하여 선교로 세워진 국가는 어떤 나라인지를 알게 된다. 그러면 하나님의 구속사가 어떤 방향으로 나아가게 될지 하나님의 계시가 어디에 있는지 정확히 알게 된다.

　노아 홍수 이후 지구의 환경은 많은 변화를 겪게 된다. 지구 밑에 있는 지각판들이 움직이며 지진과 화산이 폭발하여 땅이 융기하여 높은 산이 생겨났으며 공기 중에 가득 차 있던 수증기가 마르자 사계절의 현상이 뚜렷이 나타나기 시작했다. 먹을 것을 찾아 따뜻한 곳으로 이동하는 유목 생활이 시작되었고 유목 생활에 가장 힘이 센 사람은 사냥을 잘하는 사람이었다. 성경은 당대에 가장 힘센 사냥꾼을 니므롯이라고 말하고 있다(창 10:7-9). 결국 힘으로 권력을 갖게 된 니므롯은 사람들을 모아 바벨탑을 쌓아 하나님을 대적하게 된다. 인간의 권력은 부패하여 선한 하나님의 말씀에 대적하게 되는 것이 인간 흑역사의 진실이다.

2) 국가의 중요성

 권력의 맛을 알게 된 힘 센 권력자들은 사람들을 모아 자신의 권력을 지키기 위해 국가를 만들게 되고 국가는 백성을 노예화하여 지배하게 되는 것이 인류가 걸어온 잔혹사다. 하나님은 인간의 부패함을 아시기에 아브라함을 불러 여호와 신앙으로 무장한다 할지라도 이방 국가의 권력은 결국 히브리 민족의 신앙의 자유를 빼앗아 말살시킬 수 있기 때문에 이에 대항하기 위하여 역설적으로 히브리 민족으로 이루어진 민족 국가를 만들어 주신다. 하나님이 다스리는 주권 국가를 만들어줘야 신앙의 자유를 지킬 수 있다. 이것이 아브라함을 불러 국가를 만들어 주겠다는 약속을 하신 이유다. 만약 히브리 민족에게 이스라엘이라는 국가를 만들어주지 않는다면 하나님의 구속사로 오시는 예수 그리스도가 오시는 길을 만들 수 없다. 이스라엘이 국가를 건설하여 하나님을 섬기는 나라가 되어야 어린 양 예수가 대제사장이 되어 이 땅에 자유를 선포할 수 있다는 것이 하나님의 구속사의 계획이다. 구속사의 계획하에 이스라엘은 제사장 나라가 되고 예수님의 은혜를 입은 모든 택한 백성은 왕 같은 제사장이 될 수 있는 것이다. 이러한 의미에서 성전과 제사장 제도는 하나님의 섭리에 의하면 구세주로 오시는 예수 그리스도를 위한 도구일 뿐만 아니라 길이었던 것이다.

3) 하나님의 섭리로 세워진 3국가

세계 각국과 그 국경, 수도 등을 다루는 폴지오나우닷컴에
따르면 2018년 1월 현재 지구상에 존재하고 있는 나라는 UN
의 기준으로는 195개, 올림픽 기준에 따르면 206개, 월드컵
기준으로는 211개 국가다. 그러면 이 중 하나님의 섭리에 의
하여 세워진 나라는 과연 몇 개 국가일까? 주관적인 답이 될
지 모르지만 단 3나라, 예수 그리스도의 길이 된 제사장 나라
이스라엘, 예수님이 선포하신 자유로 세워진 미국, 아시아의
선교를 위해 미국의 선교 도움으로 세워진 대한민국이다.

이스라엘은 구약 세상에서 여호와 하나님의 신앙을 지키기
위해 세워진 나라요, 이 길을 따라 이 땅에 오신 예수님이 선
포하신 숭고한 가치인 '자유'를 지키기 위해 자유 민주주의 정
치 체제로 세워진 나라가 유럽으로부터 신앙의 자유를 찾아
온 청교도들에 의해 세워진 미국이다. 마르틴 루터의 종교개
혁 이후 유럽에서 종교의 자유를 찾아 콜럼버스가 발견한 신
대륙으로 이주한 청교도들에 의하여 시작된 나라가 미국이
다. 현재 미국은 자유 민주주의 정치 제도의 선봉 국가이자
전도국이다. 미국은 자유 민주주의를 위협하는 어느 국가와

도 전쟁을 불사하지 않는다. 특히 지금도 자유 민주주의를 위협하는 공산주의, 전체주의 테러국들과 대치와 전쟁 중이다.

그리고 미국은 기독교 선교사를 가장 많이 파송한 국가다. 자유 민주주의 체제하에서 기독교의 신앙의 자유는 꽃필 수 있고 현재 지구상에 개인의 자유를 만끽할 수 있는 정치 제도는 기독교를 바탕으로 세워진 미국을 우선으로 자유 민주주의를 표방한 국가들뿐이다.

4) 하나님이 보우하사 대한민국이 건국되다.

1810년 조직된 미국해외선교회(ABCFM, American Board of Commissionners for Foreign Mission)가 1812년 8명을 파송함으로 시작된 미국 선교는 미국은 세상을 구원한다는 기치 아래 1920까지 12,000명의 선교사를 해외에 파송하는 가운데 미국 중산층 이상의 출신인 한국 파송 선교사들은 대한민국을 복음화하는데 열정과 헌신을 다하여 일본의 식민지에서 신음하고 있는 한국인들에게 큰 희망이 되었다.

5) 선교사보다 앞서 번역된 이수정의 마가복음

한국의 선교, 복음 전래는 미국의 개척 선교사 내한(1884-1885년) 이전부터 시작됐다. 1882년 만주에서 스코틀랜드 출신 존 로스 선교사가 '누가복음과 요한복음'을 번역했고, 복음을 접한 신자들은 자생적 공동체로 모였다. 1885년 일본에서는 이수정(1842-1886)이 '마가복음'을 번역, 출판했다. 이 성경은 언더우드와 아펜젤러가 1885년 4월 5일 제물포 입국 시 가져온 것으로 유명하다. 이수정은 일본에 있던 미국 선교사들에게 한국에 선교사를 파송해 달라고 요청했다. 조선 근대화를 위해 일본 유학을 떠났던 그는 인생 목표를 수정했고 조국 복음화를 근대화의 최우선 과제로 삼았다.

이수정은 1882년 9월, 40세 나이에 일본 유학길에 올랐다. 임오군란에서 명성황후의 목숨을 지킨 공으로 고종의 후의를 입었다. 당시 농학에 자극을 받았던 그는 친구 안종수의 소개로 도쿄 농학사(社) 설립자 쓰다 센(津田仙)을 만났다. 그런데 대화를 하던 중 벽에 걸린 한문 족자가 그의 눈길을 끌었다.

"虛心者福矣 以天國乃其國也
(마음을 비운 자는 복이 있도다. 천국이 그의 나라가 될 것이니)"

마태복음 5장에 나오는 '산상 수훈'의 팔복의 말씀이었다. 양반이었던 이수정은 지금까지 읽었던 동양 고전 글귀와는

전혀 다른 데서 오는 깊은 감동을 느꼈다. 대화는 자연히 족
자의 글 풀이로 옮겨졌고 감리교도였던 쓰다 센은 호기심 많
은 이방인에게 글귀의 원전인 한문 성경을 선물로 주었다. 숙
소로 돌아온 이수정은 '낯선 책'을 읽기 시작했다. 유교 경전
에서는 찾아볼 수 없는 가르침에 탄복했다. 그 후 야스카와
도루(安川亨) 목사와 교제하며 본격적 신앙 여정이 시작됐다.
야스카와 목사는 나중에 이수정에게 세례 문답을 베푼 사람
이다.

　로게츠쵸교회는 이수정이 미국 교회를 향해 한국 선교를
요청하는 거점이기도 했다. 그에게 세례를 베풀었던 녹스 선
교사는 이수정의 편지를 미국의 '세계선교평론' 등에 발표했
다. 이수정은 조선과 일본의 국제 관계를 고려해 한국 선교는
미국이 시도하는 게 좋다고 판단, 선교사를 보내 달라고 요청
했다. '그리스도의 종 리주태(A servant of Christ Rijutei)'의 호소문
으로 알려진 편지는 아주 강한 협박성 어조로 되어 있다. "혹
시 미국의 선교 단체가 이 부름에 응하지 않는다면 하나님은
다른 방법으로 전도자를 보내시겠지만 미국의 선교사들은
화가 있을 것이다." 이 글은 언더우드와 아펜젤러의 내한에
영향을 줬고 이수정은 '한국에서 온 마게도냐인(a Macedonian
from Corea·1883. 12. 13)'으로 알려지는 계기가 되었다.

사도 바울의 2차 전도 여행에서 아시아로 가려던 계획이 "예수의 영이 허락하지 않았기"(행 16:7) 때문에 마케도니아로 향하게 되었던 것처럼, 결국 아시아를 향하던 발길이 바닷가인 드로아까지 내려가 그 날 밤 사도 바울이 환상을 목격한 사건처럼 "건너 와 우리를 도우라"(행 16:9)는 성경의 말씀이 이수정의 기도로 서구 교회의 선교 뱃길을 아시아의 마지막 은둔국 한국으로 돌리게 하였던 것이다.

1883년 4월 29일 주일. 이수정은 일본의 로게츠쵸교회에서 북장로교 선교사 조지 녹스(G W Knox)에게 세례를 받았다. 미국, 일본에서 이루어진 한국인 최초의 개신교인 세례였다. 그는 세례를 받으며 무슨 생각을 했을까? 성경을 읽다가 꾸었다는 꿈의 한 장면이 주마등처럼 지나갔다. 낯선 두 남자가 찾아왔다. 하나는 키가 컸고 또 하나는 작았다. 둘은 짊어진 보따리를 내려놓았다. 궁금해 물었다. "그게 무엇이요?" "당신 나라에 가장 귀한 책이오." "무슨 책인데 그러오?" "성경이라오."

이 환상 후 이수정은 국가를 구할 책 성서 마가복음을 번역하기로 결심한다. 성경 번역은 미국 성서공회 일본지부 총무였던 헨리 루이스 목사의 제안으로 성사됐다. 이수정의 개종 소식을 접한 루이스 목사가 '성경 번역이야말로 한국 선교의 지름길'이라고 추천했던 것이다.

지금으로부터 138년 전 그날은 부활절(1885년 4월 5일)이었다. 봄비가 부슬부슬 내리는 인천 제물포항에 임신 2개월 된 부인과 함께 아펜젤러 미국 북감리교 선교사, 그리고 언더우드 미국 북장로교 선교사가 조선 땅에 도착했다. 미국 샌프란시스코에서 출발해 일본을 거쳐 제물포항까지 오는 긴 여정이었다. 가장 먼저 배에서 내린 이는 아펜젤러 선교사의 부인이었다. 낯선 땅 조선의 제물포항에서 아펜젤러와 언더우드는 이렇게 기도를 했다. 이들이 합장한 고귀한 손에는 이수정이 번역한 성경 마가복음이 들려져 있었다.

"조선 백성들에게 밝은 빛과 자유를 허락하여 주옵소서"라는 그들의 기도는 결국 현실이 되어 이를 통하여 구속사의 주인이신 하나님은 이스라엘에게 자유를 선포케 한 모세처럼 이승만을 불러내었고 이승만은 하나님의 섭리 가운데 1948년 8월 15일 기독입국론으로 대한민국을 건국하였다.

이렇게 성령의 강한 강권으로 시작된 한국 선교의 시작과 성경 번역의 역사야말로 선교 한국의 시작이다. 이승만 건국 대통령이 나라의 기틀을 '기독입국론'으로 그 기초를 세운 것은 우연이 아니라 하나님의 강권에 위한 하나님의 역사였던 것이다.

5장

...

자유 민주주의의 국민

조선의 몰락한 왕족의 후손으로 태어나 공자와 맹자의 유교 사상인 '성리(性理)·의리(義理)·이기(理氣)' 등의 형이상학 체계를 논리로 하여 가정의 예를 중심으로 충성과 효를 중시하는 조선의 통치 철학인 주자학적 성리학의 풍토에서 자란 이승만이 어떤 연유로 500년 전통인 왕정 제도를 불신하고 자유민주주의의 공화주의자로 변모했는지를 아는 것이 이승만의 정치 철학을 공부하는데 도움이 된다.

이승만은 1875년, 3월 26일, 양녕대군의 16대손이자 6대 독자(위로 두 형이 죽음으로)로 태어났다. 임진왜란 이후 일본에서는 정한론(征韓論)이 다시 일어나, 일본 군함이 강화도를 포격하고 일본군이 영종도에 상륙하여 조선 수군과 격전을 벌였던 운요호 사건이 일어난 해였다. 이 결과로 이듬해 조선은 강화도 조약에 따라 일본에 개항을 하게 되고 만다.

부친인 이경선은 왕실이나 벼슬에서 멀어진 데다가 재산

도 없이 여기저기 돌아다니기를 즐기는 몰락 양반이었다. 그는 자신이 이루지 못한 꿈을 아들인 이승만을 통하여 이루기 위하여 빨리 과거 시험에 합격시켜 집안을 일으키는 것이 그의 희망이었다. 그래서 이승만은 가난한 살림에도 모친의 삯바느질 덕으로 10년을 서당에 다녔고, 나이를 속여 13살 때부터 과거에 총 17번이나 응시했다. 하지만 번번히 낙방했는데 원인은 조정의 부정부패한 탐관오리들의 매관매직 때문이었다.

이 와중에 청년 이승만은 조선의 종주국으로 행세하던 종이 호랑이 청나라가 일본에게 허망하게 패배하는 것을 보면서 세상이 크게 바뀌었음을 직감하게 된다. 모든 행정과 관료를 관리하던 의정부(議政府)가 폐지되고 군국기무처(軍國機務處)가 생기면서 신학문을 배운 청년들이 관직을 얻기 쉬워졌는데, 때마침 아펜젤러 선교사가 배재 학당을 설립하여 학교의 문을 열자 기존의 성리학적 사고로는 세상을 바꿀 수 없음을 깨달은 이승만은 신학문에 대한 호기심이 싹트기 시작하였다. 이런 와중에 1894년 유일한 희망이었던 과거 제도마저 갑오개혁으로 폐지되자 절망하여 끈 떨어진 연 신세가 되어버린 이승만은 1895년 4월 서당 친구인 신긍우의 권유로 배재 학당에 들어가게 된다.

이승만이 19세가 되던 1894년은 1884년 임오군란 이후 10년 시기라 우리나라 근대사로 연결되는 부분에서 가장 극심한 격변기인 해였다. 고부 민란(1.10), 갑신정변의 주동자 김옥균 암살(2.22), 동학군 1차 봉기(3.21) 및 전주성 점령(4.27), 갑오개혁(6.25), 김홍집 내각 출범(7.15), 조선을 좌지우지하던 청나라의 위안스카이(원세계)의 중국 귀국(7.18), 청일 전쟁(7.25), 동학군 2차 봉기(9.3), 홍범 14조 제정(12.12) 등이 그야말로 500년의 조선 왕조의 의지와 상관없이 외세의 압력으로 국운이 풍전등화같이 흔들리던 해였다.

이런 세상 변화의 쓰나미가 산더미처럼 몰려오는 데도 무능력한 왕조는 백성의 삶과 평안은 안중에도 없고 오로지 왕조의 유지와 안녕만을 추구하는 우물안의 개구리 같은 근시안적 세계관을 두 눈으로 몸소 체험한 청년 이승만이 타락한 시대상을 보면서 울분을 터트리지 않는 것이 오히려 이상할 정도였다.

이런 연유로 이승만은 배재 학당에 입학은 하였지만 이미 결혼을 하여 아들을 둔 가장이었기에 식솔들을 위하여 돈을 벌어야 했다. 미국인 선교사에게 한국어를 가르치면서 용돈을 벌었다. 입학 6개월 만에 초보 영어를 가르치는 조교가 될 정도로 영어에 특출한 재능을 발휘하기도 했다. 이승만은

1884년 알렌 선교사에 의하여 설립된 제중원에 근무하는 미국 장로교 여성 의료 선교사 화이팅(Georgiana Whiting)의 한국어 교사가 되어 첫 월급을 받게 되었는데 이때 받은 월급이 20원 정도였다. 이는 당시 쌀 16말을 살 수 있는 가치로 엄청난 금액이었다. 이때 비로소 어머니에게 서양 학교인 배재 학당에 입학한 사정을 털어놓게 되었다.

아마 후일 이승만이 프란체스카 여사와 결혼을 할 수 있었던 용기도 이 당시 화이트 선교사와의 긴밀하고 서로 존중하는 관계 속에서 서양 여성에 대한 친밀감이 있었기 때문일 것이다. 그러나 보다 중요한 것은 배재 학당에서 만난 사람들로 인해 그의 사상이 일대 전환기를 맞이 했기 때문일 것이다. 기독교와 서양의 개화사상을 받아들이면서 그의 세계관이 바뀐 것이다.

그에게 영향을 준 사람들은 주로 미국인 선교사, 주시경 등 한글학자, 이충구 등 개화당 청년들, 10년 전의 갑신정변 주역 서재필 등인데, 그들과 어울리면서 이승만은 점차 민주주의에 대한 열혈청년이 되어 갔다.

모든 사람은 천부적으로 평등하고 정부를 선택할 권리도 갖는다는 자유주의 사상과 민주주의 제도는, 군주제와 신분제의 굴레 속에서 살아온 이승만에게는 너무나 새롭고 놀라운 내용이었다. 감동을 받은 이승만은 중대 결심을 한다. 조상(양녕대군)을 모시는 사당으로 가 위패 앞에 엎드려 "시대의 변화에 따르겠다"는 선고식을 하고는 평생 친구가 된 에비슨 선교사의 집으로 가서 상투를 잘랐다. 이승만뿐 아니라 당시 선비가 상투를 자른다는 것은 오랜 전통의 구습을 버리고 새로운 시대의 개화파 청년으로서 새롭게 태어나는 순간이었다. 구한말 조선 왕조의 타락과 몰락의 현장을 온몸으로 체험한 이승만은 새로운 세상은 그가 신학문에서 배운 대로 미국과 영국의 자유 민주주의라는 공화정을 꿈꾸는 결정적 계기가 되었을 것이다.

이승만이 상투를 자르고 서구의 신학문에 발을 들여 놓았다는 사실은 마치 오랜 애굽 생활에 젖은 노예의 근성인 구습을 버리고 새로운 하나님의 약속의 땅 가나안에 들어갈 수 있는 영적 구도와 같은 것이다.

이렇게 구시대의 사상으로는 세상을 바꿀 수 없음을 깨달은 이승만은 1897년 배재 학당 졸업식 대표 연설에서 "한국의 독립"이란 제목으로 영어 연설을 함으로써 그가 생각하는 새나라의 청사진을 그리면서 독립협회 활동도 하고, 우리나라 최초의 일간지인 매일신문도 발간하게 된다. 물론 직접 '기자'(記者)를 하기도 했다. 당시 이승만은 기자와 자유라는 단어를 최초로 썼다.

이승만이 꿈꾸던 공화정의 국가를 만들기 위해서는 앞으로의 그의 생은 결코 평탄치 않을 것임을 예측할 수 있다. 인류의 역사는 '자유'를 쟁취하기 위해서는 피 흘리는 희생없이 이룰 수 없는 가시밭 길을 걸어야 이룰 수 있다는 역사적 교훈이 숙명처럼 이승만을 기다리고 있었던 것이다.

고종 폐위 음모의 주동자로 가담한 죄로 이승만은 전근대적이었던 조선 말의 감옥에서 혹독한 고문을 받았고, 17개월 동안 손과 발에 족쇄를 채우고 목에 10kg 가량의 나무칼을 쓴 채 앉아서 잠을 잤다. 고문 후유증으로 손가락을 움직일 수 없었기에 동료 수감자로 하여금 대신 책장을 넘기게 하여 책을 읽을 수 있을 정도였다. 후에 대통령이 되서도 손가락에 입김을 불어넣는 습관은 그때의 고문으로 생긴 후유증이었다고 한다. 그렇게 6년 이상의 수감 생활을 하면서도 이승만은 유럽사와 영어 공부에 게을리하지 않았고, 한국인 최초로 영어 사전을 집필했고(G까지 쓰다 중단됨), 그의 사상과 자유 정신을 알 수 있는 『독립정신』과 『옥중잡기』란 책을 집필할 수 있었다.

1) 백성에서 국민이 되기 위한 계몽서 『독립정신』

옥중에서 처음 쓴 『독립정신』은 20대 청년 우남 이승만이 옥중에서 집필한 그의 대표 저서로서, 5천년 동안 지속되어 온 백성을 노예로 삼는 왕정(王政) 제도를 버리고 국민이 주인이 되는 민주 공화정(共和政)으로 탈바꿈시키고, 중국에 예속되어 있던 대륙문화권에 속해 있던 우리나라의 정치, 사회, 문화적 전통을 미국과 영국처럼 해양문화권으로 옮겨 놓는 데 이론적 기초가 된 책이면서 국가가 발전하기 위해서는 자급자족하는 경제 체제가 아니라 다른 나라와의 무역을 통하여 세계화와 선진화를 지향하는 대한민국의 건국 이념을 제시한 책이다.

당시 조선의 집단적 지식 수준을 고려해보면 놀라운 내용이 아닐 수 없다. 군주인 왕은 세상이 어떻게 돌아가는지 갈피를 못 잡고, 국모(國母)는 미신에 빠져 몇 달이 멀다 않고 굿판을 벌여 국고를 탕진하는가 하면, 대신들은 서로 친청·친러·친일·친미로 나뉘어 당파 싸움질만 하고, 전국의 양반들은 탐관오리가 되어 성리학의 주자학적 원리주의에 빠져 사농공상의 허공을 헤매고, 한 해에도 수없이 많은 민란이 일어나던 구한말에 이승만은 벌써 공화정을 주장했고 동북아 국제 질서를 이해했고 세계화를 주장했다는 사실은 역사적 선구자적 자질이 충만하였음을 입증하는 부분이다.

이런 연고로 보면, 『독립정신』은 조선 왕조 5백년 동안 쓰여진 모든 책들 가운데 최고의 경세서이자 국제정치학 개론서라고 말 할 수 있겠다. 그 이유는, 그 전까지의 모든 유교적 경전들은 주권자는 단지 권력을 움켜쥔 군주 한 사람이고, 나머지 모든 백성들은 다스림을 받는 부류로 치부하면서, 유교의 전통에 따라 전제 군주가 백성을 어버이처럼 어루만져 주는 어진 인정(仁政)이 최선의 정치라고 생각하였을 따름이다. 반면에 이승만의 『독립정신』은 백성이 국가의 주인인 국민이 되기 위해서는 국민 한 사람 한 사람이 각자가 자유, 독립, 자주, 자율적인 존재가 되어야 하고, 스스로 시비(是非)를 판단할 줄 아는 각성된 개인이며, 그런 개인들이 모여서 '국가라는 공동체'인 단체를 만들고, 법을 제정하여 운영해 갈 줄 아는 개인으로 서야 한다는 현대 자유 민주주의 사상을 국내 최초로 주장하였을 뿐만 아니라, 이 책을 통하여 주장된 사상을 기초로 현재의 대한민국이 건국되도록 한 책이기 때문이다. 이런 새로운 역사를 만들기 위해서는 먼저 각 백성이 깨어서 누구의 도움 없이 스스로 자신이 설 수 있는 독립된 정신을 가진 국민이 되어야 한다는 것이 '독립정신'의 요지이다.

2) 책 『독립정신』 요약

'독립정신'의 내용을 한 문장으로 요약해 보면, 급변하던 당시 세계 정세와 열강들의 속셈을 분석하여 대한제국이 자유주의와 공화주의를 토대를 한 미국식 민주 국가가 되어야 하고 그렇기 위해서는 모두가 자유로운 개인으로 바로 서는 국민이 되어야 한다는 내용이며 몇 대목으로 나누어 보면 다음과 같다.

첫째, 독립된 정신으로 보면 모든 백성은 우리나라가 이렇게 된 것에 대한 책임이 있다는 것이다. 이 책임을 통감하고 각자가 자기에게 맡겨진 책임을 다하고 이 책임은 공익을 향하여 국가에 이바지해야 하며 불의를 버리고 의로운 행위에 앞장서야 한다고 설파한다.

이는 마치 18세기 보수주의의 아버지인 영국의 정치인이자 정치 철학자인 Edmund Burke(1729-1797)의 주장으로 보면 보수주의적 정치 태도가 그의 자세이다.

"All that is necessary for the triumph of evil is that good men do nothing." (악의 승리는 선의 침묵이다.)

둘째, 부강한 국가를 만들기 위해서는 통상과 교류를 해야 한다는 것이다. 유교를 숭상하던 조선 왕조는 주자학적 사고

방식인 사농공상에 사로잡혀 상업을 천박하게 여겨 산업을 이루지 못했다. 상업을 천민들에게 맡기고 농사를 부의 근본으로 삼아서는 절대로 부국이 될 수 없음을 주장하며 자유 시장 경제 체제를 목표로 하고 있다.

1776년 출간된 아담 스미스의 『국부론』 '국부의 본질과 원인에 관한 연구'(An Inquiry into the Nature and Causes of the Wealth of Nations)에 의하면 경제 체제는 자동적이며, 지속적으로 자유로운 상태에 놓였을 때 그 자신을 통제할 수 있다는 것이다. 그러므로 시장 경제를 기반으로 하는 자본주의 사회를 상품 생산의 구조로 보고 있으며, 자유 경쟁에 의한 자본의 축적과 분업(分業)의 발전이 생산력을 상승시켜 모든 사람의 복지를 증대시킨다는 것이다.

> "각각의 개인이 자신이 처한 조건을 발전시키기 위해 스스로 노력하는 것은 그 자체만으로 매우 강력한 원리가 된다. 어떤 도움이 없이도, 사회가 부와 번영으로 이르게 할 수 있으며, 인간의 법칙이 작동을 못하는 수백 개의 부적절한 방해물들도 뛰어넘을 수 있다."

이 원리에 의하면 이승만이 이미 그 당시에 국가를 자유 시장주의 경제 체제로 만들 것을 주장하고 있다.

셋째, 중국을 종주국으로 하는 좁은 대륙적 사고를 버리고 우주가 어떻게 돌아가는지 세상의 이치를 알고 좁은 세계관에서 육대주를 품고 세상을 보아야 하며 그런 의미로 보면 미국이 왜 세계 최강의 국가인지 그들의 정치 제도를 배워 자유민주주의 국가를 만들어야 한다고 주창하며, 미국이 어떻게 영국으로부터 독립하여 국가를 건국했는지 알아 우리도 미국과 같은 자유 민주주의 국가를 만들어야 한다.

"우리는 다음과 같은 사실을 자명한 진리로 받아들인다. 즉 모든 사람은 평등하게 창조되었고, 창조주는 몇 개의 양도할 수 없는 권리를 부여했으며, 그 권리 중에는 생명과 자유와 행복의 추구가 있다. 이 권리를 확보하기 위하여 인류는 정부를 조직했으며, 이 정부의 정당한 권력은 인민의 동의로부터 유래하고 있는 것이다. 또 어떤 형태의 정부이든 이러한 목적을 파괴할 때에는 언제든지 정부를 개혁하거나 폐지하여 인민의 안전과 행복을 가장 효과적으로 가져올 수 있는, 그러한 원칙에 기초를 두고 그러한 형태로 기구를 갖춘 새로운 정부를 조직하는 것은 인민의 권리인 것이다. 진실로 인간의 심려는 오랜 역사를 가진 정부를 천박하고도 일시적인 원인으로 변경해서는 안 된다는 것, 인간에게는 악폐를 참을 수 있는 데까지는 참는 경향이 있다는 것을 가르쳐 줄 것이다. 그러나 오랫동안에 걸친 학대와 착취가 변함없이 동일한 목적을 추구하고 인민을 절대 전제 정치 밑에 예속시키려는 계획을 분명히 했을 때에는, 이와 같은 정부를 타도하고 미래의 안전을 위해서 새로운 보호자를 마련하는 것은 그들의 권리이며 또한 의무인 것이다. 이와 같은 것이 지금까지 식민지가 견디어 온 고통이었고, 이제야 종래의 정부를 변혁해야 할 필요성이 바로 여기에 있는 것이다. 대영국의 현재 국왕의 역사는 악행과 착취를 되풀이한 역사이며, 그 목적은 직접 이 땅에 절대 전제 정치를 세우려는 데 있었다. 지금 이러한 사실을 밝히기 위하여 다음의 사실을 공정하게 사리를 판단하는 세계에 표명하는 바이다."

넷째, 우리가 모르는 사이 열강들은 오대양 육대주를 누비며 통상을 하고 자신들의 이익을 위하여 다른 나라를 침략하는 상황 속에서 왜 러시아가 요동반도에 들어왔는지, 그리고 왜 우리 나라를 둘러싼 러일 전쟁, 청일 전쟁이 일어났는지를 파악하여 외교력을 키워야 한다.

당시, 구한말의 세계 정세는 영국이 유럽의 국제 정세를 좌지우지하는 패권국의 역할을 할 때였다. 패권국인 영국의 입장으로 보았을 때 북쪽의 러시아의 남하가 가장 풀기 힘든 과제였다. 영국은 직면한 문제를 해결하기 위하여 동양에서 가장 선진화된 일본으로 하여금 러시아의 남진을 저지시킬 수 있는 최적의 기회로 보았다. 이 대가로 영국과 일본은 1902년 1월 1차 영일 동맹을 맺고 서방국들은 일본의 행보를 눈감아 주는 실정이었다.

이 당시 제국주의적 사고로 보면 대표적인 행동이 1905년 7월 맺어진 일본이 조선을 점령하고 미국이 필리핀을 지배하는데 서로 교차 승인을 하는 가쓰라-테프트 밀약이다. 이 밀약은 비밀로 붙여지다가 1924년 밝혀진 대로 문서상의 조약이 아니라 상호 양해한 일종의 신사 협정이었고, 이 합의로 대한제국에 대한 미국의 개입을 차단한 일제는 같은 해 11월 17일 대한제국에 을사조약을 강요했으며, 미국은 이를 사실상 묵인했다.

이는 아이러니하게도 이승만이 고종의 밀서를 가지고 루스벨트 대통령을 만나러 가는 도중에 일어난 사건으로 1905년 8월 4일 롱아일랜드의 시어도어 루즈벨트 대통령의 별장에서 이승만을 만난 루즈벨트 대통령의 미온적 태도로 보아 일본과 미국과의 이 밀약으로 서로 양해한 신사 협정이었음을 미루어 알 수 있는 것이었고 이를 감지한 이승만은 귀국하지 않고 미국에 남아 세계 국제정치학을 공부하는 계기가 되었을 정도로 이승만에게는 충격적인 일이었다.

지금도 잘못 알려진 대로 우리의 역사를 근시안적인 시각으로 보면 마치 그 당시의 역사를 "우리의 의지로 해결할 수도 있었을 텐데…"라고 설정하면 우리는 우물안의 개구리로 남게 된다. 이러한 시각을 과감히 버리고 대한제국의 운명을 국제적 시각으로 해결하려고 노력한 인물이 바로 이승만이었고 이러한 관점에서 그의 독립운동의 관점을 외교독립론이라고 말할 수 있는 근거가 되는 것이다.

결과적으로 이승만의 이런 끊임없는 노력으로 인해 1943년 11월 22일-26일 카이로에서 미국의 루스벨트, 영국의 처칠, 중화민국의 장제스 세 연합국 수뇌가 모여 회담을 열어 제2차 세계 대전에서 일본에 대한 연합국의 대응과 아시아의 전후 처리 문제에 관해 협의하는 회담에서 드디어 적절한 시기에 Korea를 독립시킬 것을 문서에 새기게 되는 결과를 도출해 낼 수 있었다.

이승만은 그의 책 『독립정신』에서 국민의 각성과 자유 민주주의 공화정의 국가, 시장 경제, 그리고 국제적 감각을 키우는 외교력 중심의 국가를 건설하는 대의 명분을 내세우며 이를 이루기 위한 국민의 행동강령인 독립정신 실천 6대 강령을 강조한다.

첫째, 우리는 세계에 대하여 개방해야 한다.
1. 우리는 세계와 반드시 교류해야 한다.
2. 통상은 서로에게 이익이 된다는 것을 깨달아야 한다.
3. 오늘날 통상은 나라를 부강하게 하는 근본이다.
4. 외국인들이 우리나라에 오는 것은 우리를 해치려는 것이 아니라 서로에게 이롭게 하기 위한 것이다.
5. 외국인들을 원수같이 여기는 것은 매우 위험한 일이다.

둘째, 새로운 문물을 자신과 집안과 나라를 보전하는 근본으로 삼아야 한다.
1. 새로운 문물을 배우기 위해서는 외국인들을 배척하지 말고 서로에게 도움이 되는 존재임을 깨달아야 한다.
2. 동양의 구학문보다는 새로운 학문에 대한 책들을 공부해야 한다.
3. 우리는 신학문을 열심히 배워 경제적 이익을 외국인들에게 빼앗기지 말아야 한다.
4. 우리는 신학문을 열심히 공부하여 그 혜택을 누려야 할

것이다.

셋째, 외교를 잘 해야 한다.

1. 오늘날 외교는 나라를 유지하는데 매우 중요하다는 것을 알아야 한다.

2. 다른 나라들과 친밀한 외교 관계를 갖고자 한다면 모든 나라를 공평하게 대해야 한다.

3. 다른 나라들과 친밀한 관계를 발전시키려면 그 나라들과 공통된 특성을 갖도록 하여 그들과 같은 그룹에 속하도록 노력해야 한다.

4. 진실함을 외교의 근본으로 삼아야 한다.

5. 우리가 외국인들과 상대함에 있어서 진실되고, 공평하고, 정직하게 대할지라도 과거 우리의 잘못된 행동으로 이미 신용을 잃어버렸다. 그러므로 진실을 바탕으로 우리의 국제적 신용을 회복해야 한다.

넷째, 나라의 주권을 소중히 여겨야 한다.

1. 모두가 외국인들에게 치외법권을 허용한 것을 수치로 알고 어떤 어려움이 있더라도 이것을 우리 생전에 회복하고자 한다면 반드시 그렇게 될 날이 올 것이다.

2. 모든 사람은 각자가 해야 할 일이 있으며 무슨 일을 하든지 부지런히 배우고 일해야 한다.

3. 우리나라 사람이든 물건이든 다른 나라 사람들로부터 수치를 당하는 것을 보면 어떤 일이 있더라도 이를 막아내야 한다.

4. 우리는 국기를 존중하는 것을 배워야 한다.

5. 어떤 일이 있더라도 우리는 외국 국적을 갖지 말아야 한다.

다섯째, 도덕적 의무를 소중히 여겨야 한다.

1. 뜻이 같은 사람에게 감정을 표현할 줄 알아야 한다.

2. 우리는 공무적 의무를 소중히 여겨야 한다.

3. 나라를 위해 충성함에 있어서 용기를 가지고 행동하겠다는 결심을 해야 한다.

여섯째, 자유를 소중히 여겨야 한다.

1. 자유를 자기 목숨처럼 여기며 남에게 의지하지 말아야 한다.

2. 다른 사람의 권리 또한 존중해야 한다.

결론, 우리는 기독교를 모든 일의 근원으로 삼아 자기 자신보다 다른 사람을 위해 일하는 자가 되어 나라를 한마음으로 받들어, 우리나라가 영국과 미국처럼 동등한 수준에 이를 수 있도록 최선을 다해야 할 것이다. 그리고 천국에 가서 다 같이 만납시다.

결국 이승만이 1904년 6월 29일 지은 이 책의 내용은 1948년 8월 15일 건국되는 대한민국의 4대 근간인 자유 민주주의 공화국, 자유 시장 경제 체제, 기독입국론, 국제연합(UN, 후에 한미동맹)이 인정하는 국가로서의 면모를 갖추는데 네 기둥이 되었다고 볼 수 있다.

6장

...

이승만, 나라를 구할 지도자로 거듭나다.

1) 목계의 평정심

먼 옛날 중국의 주나라 임금 선왕 때 닭싸움 중 최고의 경지에 이른 목계(木鷄)에 관한 이야기다. 선왕이 쓸 만한 투계 한 마리를 선물로 받자 기성자라는 당대 제일의 조련사에게 최고의 싸움닭으로 키워달라고 부탁했다. 열흘이 지나 어떻게 되었냐고 물었다. 기성자는 고개를 저었다. "교만해서, 자기가 최고인 줄 알고 마구 덤벼들려고 합니다." 열흘 후 다시 물었다. "교만한 건 버렸지만 상대방의 소리나 그림자만 봐도 날개를 퍼덕이며 싸우려고 반응합니다." 열흘 후 왕이 또 물었다. "아직 아닙니다. 상대방을 노려보는 눈초리에 살기가 남아 발로 땅을 긁고 있습니다." 열흘이 더 지난 다음에야 기성자가 대답했다. "이제 된 것 같습니다. 상대방이 아무리 소리를 지르고 덤벼도 반응이 없습니다. 마치 나무로 깎아놓은 '목계' 같습니다. 이제 마음의 평정을 찾았습니다. 덕이 충만해서 그 모습만 봐도 싸우지 않고 도망갈 것입니다." 싸움닭인 투계가 싸우지 않고 상대를 제압하는 경지에 이른 것이다.

350여 년 전 중국 명나라가 망하고 여진족이 세운 청나라가 들어설 때, 명나라가 왜 망해 가는지를 깊이 생각하던 학자 고염무는 '천하(天下)를 보전하는 일에는 필부(匹夫)에게도 책임이 있다'고 결론을 내린다. 한자로 나라 국(國)자는 국민이 무기인 창을 들고 국가의 경계를 지킨다는 의미의 글자다. 그렇다면 나라가 망하는데 위정자나 백성이나 모두가 국가를 지키지 못한 죄가 있다는 것이다. 그런 의미로 보면 나라가 망할 때가 되면 천하에 나라가 망할 징조가 보이기 마련이다. 이것을 망천하라고 한다.

일반적으로 사람들은 개인적으로 다른 이들에게 무시당하거나 업신여김을 당하면 화를 내거나 복수를 생각한다. 그러나 망천하의 조짐은 국가적으로 모욕을 당할 때 국가에 속한 국민으로서 분개를 느끼거나 분기탱천하는 사람은 없어지고 오히려 관료들은 시류에 휩쓸려 백성들의 주리를 틀고 거짓으로 사리사욕을 채우는 부류들이 늘어난다. 한 국가가 그 연한을 다했을 때 나타나는 현상이 바로 관료들의 타락과 백성들의 정신적 해이와 자포자기이다. 구한말 국운이 다하여 나라가 망해갈 때 국가의 녹을 먹고 사는 관료들은 어떤 반응을 했을까? 예나 지금이나 국가의 운명은 생각지도 않고 자신의 안위나 걱정하는 부류가 있다면 결국 그런 자들로 인해 나라는 망천하에 이르러 망국의 길로 갈 수밖에 없다.

나라의 관료가 되기 위하여 17번이나 과거 시험을 치렀으나 탐관오리들의 매관매직에 번번히 낙방의 고배를 마셨던 이승만은 조정의 불공정에 대한 울분으로 다혈질적 저항을 하였으나 한성 감옥에 투옥되어 사형에서 종신형으로 선고받고 예수를 영접한 이후 그의 삶의 태도는 백팔십도 변화받은 사람이 되었다. 다른 사람들과 다른 점은 바로 이런 문제에 부딪혔을 때 당장 울분에 휩싸여 화을 내거나 단편적으로 해결하려 들지 않고 상황을 입체적으로 보고 대응하는 태도를 견지했다는 것이다. 이런 태도의 변화는 그가 예수 그리스도를 영접한 이후 변화된 행동 방식이다. 이것이 40년 동안 세계 최고의 패권국인 미국을 설득하여 얻어낸 외교독립론이요, 대한민국의 안보와 경제를 든든히 한 한미동맹의 체결이라는 결과를 쟁취한 동력이다.

이러한 상황 인식은 조선 말기의 세계 정세를 정확히 파악하지 않고는 결코 내리기 쉽지 않은 결론이다. 서구 강대국 간의 식민지 쟁탈전을 위한 전쟁으로 시작된 제1차 세계 대전으로부터 시작된 제국주의의 야욕은 독일의 유럽 침략으로 2차 세계 대전의 방아쇠가 당겨져 일본의 만주 침략, 이탈리아의 이디오피아 침략으로 번져 나갔고, 이렇게 시작된 전쟁은 폴란드에 대한 독일의 침공(1939), 영국과 프랑스의 독일에 대한 선전 포고로 이어진다. 식민지 재분할을 위한 선진 열강들 간에 벌어졌던 '제국주의적 성격의 전쟁'의 각축전 와중에 약소국의 편을 들어줄 정의로운 나라가 없기 때문에 무력 투쟁에 의한 독립보다는 저들을 설득하여 독립을 쟁취하려는 국제 정세의 분석력이 없이는 불가능한 일이다.

2) 약소국의 설움

세계 열강들이 약소국을 침범하여 식민지로 삼으려는 야욕을 자신의 힘으로 막을 국력이 있는 나라라면 그 나라는 이미 약소국이 아니라 세계 열강들 중의 한 제국에 속한 나라임에 틀림이 없다. 당시 세상을 움직이는 세계적 지도자는 누구인가? 미국의 루스벨트 대통령, 소련의 스탈린, 중국의 장계석, 영국의 처칠 등 몇몇의 지도자들이다. 이들의 생각과 정세를 파악하지 않고 자신의 의지대로 국가를 지킬 수 있다면 이승만이 고종의 밀사로 미국에 올 필요도 없었다. 그럴 힘이 없었기에 1882년 미국과 맺은 조미수호통상조약에 의거하여 미국 대통령을 설득해 나라의 운명을 건져보고자 했던 것이

고종의 소박하고 천진한 생각이었다면 이미 열강들의 식민지 판짜기는 결정이 난 상태였다. 힘에 의한 정복이냐 아니면 식민지로 전락하느냐의 정글의 법칙의 결과만 남아 있는 상황이었다.

이런 열강들의 식민지 쟁탈전의 혹독한 세계 정세를 읽을 수 있는 눈을 갖추도록 이승만이라는 선견자를 미국으로 보낸 하나님의 탁월한 예지야말로 100여 년 만에 대한민국이 세계의 선진국의 반열에 서게 만든 원동력의 첫걸음이 되었던 것이다.

이승만이 한성 감옥에서 새로운 나라의 건설을 꿈꾸며 독립정신을 쓰고 있던 무렵 바깥 세상은 1904년 2월 8일 발발한 러일 전쟁이 1905년 가을 일본의 승리로 끝나면서 러시아의 한반도에 대한 야심은 서글픈 막을 내린다.

러시아는 친러 세력인 이범진(李範晉), 이완용(李完用), 이윤용(李允用) 등을 앞세워 아관파천(俄館播遷)을 단행한 것이 1896년 2월 11일 새벽이었다. 당시 청일 전쟁의 승리로 조선에 대한 우월권을 확보한 일본은 1895년 8월 20일 을미사변을 일으켜 민비를 시해하는 천인공로할 만행을 저지른다. 당시 조선은 이름뿐인 허수아비 국가에 불과한 것이 민비 학살과 김홍집 친일 내각에 의한 단발령은 민초들의 전국적인 반란 봉기에 기름을 붙는 꼴이 되고 말았다.

고종 황제는 자신의 나라에서 일본에 의해 감금당한 상황이었고 나라는 백척간두에 선 풍전등화의 모습이었다. 민비가 시해된 후 친러시아 세력은 고종의 안전을 위한다는 명목으로 고종을 비빈들이나 타는 교자에 태워 건천궁을 빠져나갔으니 이렇게 일국의 군주가 내 나라 궁궐보다 이웃 나라 공사관이 더 안전하다고 피신한 사건이 아관파천이었으니 나라의 꼴은 운명을 다한 아사 직전의 나라의 몰골이었다.

러시아가 조선에서 이렇게 자국의 세력을 키운 것은 조선에 부동항을 건설하여 태평양으로 나가려는 그들의 야욕을 위한 것이었는데 러일 전쟁의 패배로 러시아의 야심이 좌절되면서 조선은 을사늑약을 체결함으로 일본의 손아귀에 들어가게 된다.

이승만은 러일 전쟁이 한참이던 1904년 8월 석방된 후 고종 황제의 측근으로 후일 조선이 망하고 할복자살(割腹自殺)로 그 울분을 토로한 민영환과 한규설의 추천으로 고종의 밀사가 된다.

당시 이승만의 역할은 시어도어 루스벨트(Theodore Roosevelt, Jr) 대통령과 미국무장관 존 헤이(John Milton Hay)를 만나 1882년 체결된 조미수호통상조약에 따라 러일 전쟁 종료 후에도 대한제국이 보존되게 해달라는 요청을 하기 위한 것이었다. 그러나 당시 미국은 수교를 맺긴 했지만 조선에 대하여 자치 능력이 없는 나라로 판단하고 있었다. 미국의 이러한 입장은 이미 국제적 합의로 일본과 협력하기로 결론을 지은 상황이었다.

이미 미국은 영국과 동맹을 맺은 일본의 편에 서서 가쓰라 테프트 밀약(Taft-Katsura agreement)에 사인만 남겨 놓은 상태였다. 이 밀약의 내용은 일본의 조선 병합에 대하여 미국이 간섭하지 않겠다는 것이 그 골자였으니 조선의 운명은 그야말로 고립무원(孤立無援)의 상황으로 빠져들고 있는 상황이었다. 윌리엄 태프트 육군장관은 시어도어 루스벨트 대통령의 딸 앨리스와 미 의원 워즈워스를 대동하고 아시아 수행 길에 하와이의 호놀룰루를 경유했다. 이때 이승만은 호놀룰루의 한인 선교부를 책임지던 와드먼 박사를 통해 윌리엄 태프트와 접촉, 그의 추천장을 받아 시어도어 루스벨트를 만나게 된다.

조선을 둘러 싼 열강들의 야욕은 1905년 7월 9일 러일 전쟁의 종전 처리를 위하여 시어도어 루스벨트 미국 대통령의 중재로 포츠머스 강화 회의를 개최(1905.8.10.-1905.9.5.)하기로 결정한다. 포츠머스 강화 회의(러일 강화 회의)는 러일 전쟁에서 승리한 일제의 한반도 지배권을 인정하고 러시아의 남만주 철도 부설권과 사할린 일부를 일본에 양도한다는 것이 그 내용이었다.

이런 급박한 상황 속에서 고종은 조미수교통상조약의 협정을 마지막 남은 동아줄로 믿고 이승만을 대한제국의 독립보전에 대한 미국의 지원을 호소하기 위한 밀사 자격으로 보낸다. 그의 파견 목적은 머지않아 러일 전쟁이 끝나고 강화 회의가 열릴 때 미국 국무장관과 대통령이 1882년에 체결된 朝美修好條約의 '居中調停條項'에 따라 한국의 독립을 도와줄 것을 요청하기 위함이었다.

이승만 일행은 1904년 11월 5일 제물포항에서 미국을 향한 첫발인 Ohio호를 타고 목포, 부산, 시모노세키를 경유해 11월 10일 고베에 도착했다. 고베는 샌프란시스코로 가는 여객선이 출발하는 해상 교통의 중심지였다. 한 주일 남짓 고베에 체류한 이승만은 11월 18일 시베리아(Siberia) 호에 승선해 중간 경유지 요코하마, 그리고 1904년 11월 29일에 하와이의 호놀룰루에 도착하여 하와이 감리교 선교부의 와드맨(John W. Wadman) 감리사와 배재 학당 동창인 윤병구(尹炳求) 목사, 그리고 교포들의 따뜻한 영접을 받았다. 특히 오랜만에 만난 윤병구와 밤새도록 나라 일을 걱정하면서 의논한 끝에 장차 미국에서 열릴 강화 회의에 '해외에 있는 한국인들'의 의사를 전달하기로 약속하고 다음날 미국 본토로 향했다.

12월 6일 샌프란시스코에 도착한 이승만은 로스앤젤레스 및 시카고를 거쳐 1904년 제야의 밤(12. 31)에 비로소 미국 수도 워싱턴 D.C에 도착했다. 그곳에서 우선 〈워싱턴 포스트〉(The Washington Post)지 사무소를 방문하여 일본의 한국 침략의 부당성을 폭로하는 인터뷰를 했다. 1905년 1월 주미한국 공사관을 찾아가 참서관 김윤정 등을 만나 자기가 온 목적에 대한 협조를 부탁하였다. 그러나 주미한국공사관은 대리공사 신태무와 김윤정 간의 불화가 빚어지는 가운데 신태무 공사가 비협조적으로 미온적 태도를 보이자 이승만은 민영환에게 건의서를 보내어 애국적인 태도를 보이는 김윤정으로 공사를 대치하도록 요청하였다. 그리하여 신태무는 곧 소환되고 김윤정이 임시 대리 공사가 되었다.

한편 한시가 급한 이승만은 민영환과 한규설이 지시한 대로 주한 미국 공사로 활동했던 적이 있던 미국 친한파 하원의원 딘스모어(Hugh A. Dinsmore)를 접촉하여 그를 통해 미국 국무장관 헤이의 면담을 서둘렀다. 마침내 그의 방미 목적이 성공을 해 보이는 듯했다. 이승만은 1905년 2월 20일에 휴 딘스모어 의원과 함께 국무부에서 헤이 장관을 만나 1시간 반 동안 면담할 수 있었고 이 자리에서 한국 독립을 위해 힘써 줄 것을 부탁했다. 헤이 장관은 미국이 한국에 대한 조약상의 의무를 다하도록 개인적으로나 미국 정부를 대표해서나 최선을 다할 것을 약속했다. 회담 결과에 만족한 이승만은 이 사실을 한규설과 민영환에게 보고하고, 한국의 독립을 구하기 위해 미국이 힘써 줄 것을 믿었다. 그러나 불행하게도 한 줄기 희망이었던 헤이 장관이 그 해 7월 1일에 사망하고 루트(E. Root)가 신임 국무장관에 취임함으로써 대한제국의 운명과 함께 이승만의 노력은 허사가 되고 말았다.

마치 한 편의 영화의 같이 급박하게 돌아갔던 이승만과 루스벨트 대통령과의 만남을 좀 더 입체적으로 살펴보면 희비가 숨가쁘게 엇갈리게 된다.

조국을 구하기 위한 이승만과 루스벨트 대통령의 역사적 만남은 1905년 8월 4일 오후 3시 30분에 이루어졌다. 이에 앞서 루스벨트 대통령은 7월 초에 러일 강화 회의가 9월 5일 미국의 뉴햄프셔州 포츠머스 항(港)에서 자신의 중재 열린다고 공표했다. 이어서 그는 심복인 육군장관 태프트(W. H. Taft)를 동양으로 파견, 일본과의 사전 협의를 벌이도록 했다.

동양 출장에 나선 태프트 일행은 7월 12일 호놀룰루에 기착했는데, 이런 급박한 사실을 알게 된 하와이 한인 동포 사회는 이들의 도착에 앞서 특별 회의를 소집, 윤병구와 이승만을 파리 강화 회의에 파견할 대표로 선정하고 미국 대통령에게 제출할 탄원서를 마련하였다. 윤병구 목사는 와드맨 감리사를 통해 자기와 이승만을 루스벨트에게 소개하는 편지를 태프트로부터 얻어냈다. 하와이 교포들의 특별 회의에서 채택된 탄원서에서 윤병구와 이승만이 자신들은 고종 황제의 대표가 아니라 8천 명 하와이 교포들의 대표로서 1천 2백만 한국 백성(Common People)의 민정(民情)을 대변한다고 전제하고, 한국에서 심화되는 일본의 침략 행위를 규탄하면서 미국 대통령이 포츠머스 회담을 계기로 朝美 조약에 따라 한국의 독립을 지켜주기 바란다고 호소하고 있다.

윤병구 목사는 이 탄원서를 가지고 7월 31일 워싱턴에 도착했다. 그를 맞은 이승만은 함께 서재필을 찾아가 이 탄원서의 영문 표현을 다듬었다. 그리고 둘은 하와이에서 얻은 태프트 장관의 소개장을 가지고 루스벨트 대통령을 만나기 위해 뉴욕 롱 아이랜드 소재 오이스터 베이(Oyster Bay)의 여름 백악관을 찾아갔다. 때마침 루스벨트는 강화 회의장으로 향하는 도중 대통령을 예방한 러시아 대표단을 맞아 눈코 뜰 사이 없이 바쁜 가운데서도 한국 대표들을 응접해 주었다. 이 역사적 회견에서 이승만은 루스벨트에게 탄원서를 제출하고 "언제든지 기회있는 대로 朝美 약조를 돌아보아 불쌍한 나라의 위태함을 건져주기 바란다."고 당부했다. 이에 대해 루스벨트는 사안이 워낙 중대하므로 공관을 통해 탄원서를 보내주면 그것을 강화 회의에 제출하겠다고 대답했다. 이에 두 사람은 더 확실한 답을 얻지 못한 채 그렇게 하겠다고 다짐하고 물러나왔다.

당시의 상황으로 보면 루스벨트가 보여준 태도는 두 사람이 기대했던 것 이상으로 고무적이었다. 그리하여 윤병구와 이승만은 그날 밤으로 기차를 타고 워싱턴의 한국 공사관을 찾아가 김윤정 대리 공사를 붙들고 필요한 조치를 당장 취하자고 졸랐다. 그러나 뜻밖에도 김윤정은 본국 정부의 훈령이 없기 때문에 그렇게 할 수 없다고 말을 바꿨다. 이에 이승만은 분개하여 달래기도 하고 윽박질러 봤으나 모두가 허사였다. 이미 일본의 앞잡이가 된 주미 임시 대리 공사 김윤정은 대한제국의 외교권을 장악한 일본의 지령에 따라 청원서 전달을 거부함으로써 러일 강화 조약에 한국 문제 상정은 올라가지도 못하고 좌절되고 만다. 그리고 하와이 교포들의 '탄원서'도 미국 정부 당국에 제출조차 못한 채 사문서(死文書)가 되어 버리고 말았다. 허무하게도 포츠머스 강화 회의에서 한국인의 목소리가 대변되지 못한 것은 물론이다.

이런 와중에서도 꼭 집고 넘어가야 할 사실은, 조선의 운명이 점점 어두워 갈 즈음에도 조국의 독립이 위기에 처했음을 인식하고 있었던 미국 한인 사회에서는 1905년 7월 12일 하와이 임시공동회를 개최하고 윤병구(尹炳球) 목사를 총대로 선출하여 고종의 밀사로 오는 이승만을 돕기 위한 움직임이 활달할 정도로 적극적이었다는 것이다. 그때나 지금이나 한국인들의 조국 사랑은 그 어떤 민족에게도 뒤처지지 않을 만큼 적극적이라는 사실은 변함이 없다.

야속하게도 이승만이 시어도어 루스벨트 미 대통령을 면담한 날은 가쓰라-테프트 밀약이 이루어지기 8일 전이었다. 시어도어 루스벨트는 이미 이승만이 찾아오기 전에 일본에 보낸 태프트가 일본 수상 가쓰라와의 회담에서 일본이 필리핀에 대한 미국의 이익을 묵인하는 대신 한국을 보호국화 하겠다는 일본의 계획에 동의한다는 의사를 개진하도록 7월 31일자 전보로 동경에 훈령을 보낸 바 있었다. 따라서 태프트의 소개장이나 루스벨트의 접견은 모두 형식적인 겉치레로 이승만 일행을 기만하는 행위였다.

미국과 일본의 1905년 밀약은 베일 속에 쌓여 있다가 1924년 미국의 외교사학자 타일러 데넷(Tyler Dennett)이 '가쓰라-테프트 밀약'의 메모를 발견해 논문으로 발표함으로써 미국과 일본 양국의 '외교적 흥정(quid pro Quo)'으로 세상에 알려졌다.

이에 대한 이승만의 분노는 상상 이상이었다. 그는 1945년 4월 9일 올리버(Oliver 2008, 33)에게 보내는 편지에서 태프트-가쓰라 밀약을 겨냥하여 "한국 사람들은 오래도록 참아왔던 모욕을 잊지 않고 있습니다. 그들은 1905년 자기들을 일본의 멍에를 지도록 몰아넣은 미국 정치가들의 배신 행위에 분개하고 있습니다."라고 미국에 대한 분노를 표출했다. 태프트-가쓰라 밀약의 존재는 이승만으로 하여금 두고두고 미국에 대한 배신감을 곱씹게 만들었고 이후 미국과의 협상에서 약속은 성사되어도 자신이 사인을 할 때까지는 믿지 않을 정도였다.

이렇게 이승만의 구국을 향한 행보는 아무 소득이 없이 실패로 돌아가면서 힘없는 약소 국가가 국제 사회에서 얼마나 하찮은 존재인가에 대한 뼈아픈 교훈을 얻었다. 그러나 이승만은 암담한 현실을 받아들이면서 오히려 여기에서 좌절하지 않고 힘을 길러야 한다는 결심으로 1905년 2월 워싱턴 D.C.의 조지 워싱턴대학교에 2학년 장학생으로 철학과에 입학한다. 이 대학은 세계 정치의 중심지가 된 미국 수도(首都)의 한 복판에 자리 잡고 있었고 미국 조야가 미래의 정치 지도자들을 양성할 목적으로 백악관(白堊館) 바로 옆에 설립되었기 때문에 정치 지망생에게는 인기 높은 대학이었다. 이승만이 고종의 밀사로 미국에 왔지만 사실은 그의 가슴 한편에는 게일, 언더우드, 아펜젤러 선교사들이 바라는 한국 교계의 지도자로 세우고자 하는 열망이 있었기에 미국 유학에 필요한 추천서와 이에 필요한 서류들을 미리 준비하여 왔다. 1907년 6월 5일 조지 워싱턴대학교를 2년 만에 졸업한 후 전공을 철학에서 국제정치학으로 바꾼다.

이어 이승만은 배워야 산다는 일념으로 하버드대학교에서 석사 학위를 마치고 프린스턴대학교에서 1910년 우드로 윌슨(Thomas Woodrow Wilson) 교수의 지도로 국제 경제학 박사 학위를 마친다. 이러한 결과는 5여 년 만에 학사, 석사, 박사를 미국의 최고 명문대학교에서 마친 것이었다. 이승만의 박사 학위 논문의 제목은 "미국의 영향을 받은 영세 중립론"이었다. 그의 지도교수 우드로 윌슨은 미국의 제28대 대통령이 된 사람으로 이승만의 이름은 서서히 미국 정치인들 사이에 알려지게 된다. 이러한 준비는 이승만을 통하여 새로운 국가를 만들고자 하는 하나님의 계획이었다.

이 당시 이승만에 앞서 개화기(開化期)에 미국 유학을 했던 한국 지식인은 모두 합쳐 70여 명 안팎이었다. 그들 중 가장 많이 알려진 인물은 유길준(兪吉濬), 서재필(徐載弼), 윤치호(尹

致昊), 김규식(金奎植), 신흥우(申興雨) 등이다. 이들 역시 이승만이 새로운 역사를 만들어 가는데 큰 조력자들이 되었다.

20세기 대표적인 역사학자인 아놀드 토인비는 "역사는 타살되는 것이 아니라 자살하는 것이다."라는 명언을 남겼다. 좌파들은 항상 이렇게 넋두리한다. 조선이 망한 것은 일본이 강해서 망했다고... 그러면 일본이 강해질 때 조선은 무엇을 했는가? 남 탓하지 말자. 다 우리가 잘못했기 때문이다. 그것을 깨달은 창조적 소수가 남아 있었기에 조선을 뛰어넘는 대한민국이 탄생할 수 있었다.

타성에 젖은 한 사회 집단 속에서 이 소수가 창조적 의지를 갖고 반응하게 됨으로써 문명이 도약하게 된다. 문명의 성장과 소멸 과정을 보면 성장기에는 사회의 다수가 창조적 소수를 기꺼이 모방해 일체감을 형성하게 된다. 그러나 일단 도전에 성공한 소수가 자신과 자신이 창조한 제도를 우상화 함으로써 창조성과 지도력을 잃게 되면 문명의 쇠퇴에 들어서게 된다는 것이다. 창조적 소수가 지배적 소수로 전락하는 상황에서 소수와 다수의 조화를 바탕으로 하는 사회가 되면 자기 결정력을 상실하게 된다.

500여 년을 이어온 조선 왕조의 몰락은 타성에 젖은 집단 사회가 창조성과 지도력을 잃어버리고 세상의 변화를 눈치

채지 못하고 우물 안의 개구리처럼 됨으로 스스로 몰락한 것이다. 그러나 하나님은 또 다른 창조적 소수를 내세워 다음 세대를 준비시킨다. 이승만을 비롯한 70여 명의 창조적 소수들은 새로운 문명을 열기 위하여 준비된 사람들이었다.

7장

...

기독교 3P 정신(Pilgrim, Protestant, Pioneer)에
입각한 이승만의 자유 정신

"건국 대통령 이승만을 생각하면 떠오르는 그의 이미지는 반공·자유·민주주의에 입각한 통일 민족 국가의 건국이라고 말할 수 있다. 이승만이 90평생을 통해 그렇게도 갈망했던 자유의 가치, 민주주의의 이상, 인권의 소망, 법치의 염원은 바로 오늘날 대한민국을 지탱하는 누구도 함부로 뽑아낼 수 없는 네 개의 든든한 기둥이다. 어쩌면 대한민국의 역사는 이승만을 기점으로 중세 봉건주의 시대에서 서양 세계가 추구하는 현대 사회로 이월한 세상이요 다른 나라들이 겪은 봉건주의를 타파하기 위하여 거치는 피나는 투쟁을 통해 얻은 자유의 가치를 우리 대한민국은 이승만이라는 세계적 선각자를 통해 현대 자유 민주주의 사회로 안착한 행운의 나라임에 틀림없다. 현재도 우리는 너무나 쉽게 얻은 자유의 진정한 가치를 잘 모르기 때문에 하는 말이다.

그렇다면 5천년의 샤머니즘적 토속 문화와 불교, 유교의 주자학적 사고를 뛰어넘어 그 어떤 사람도 생각해 보지 못한 이승만의 선구자적 정신과 마음을 사로잡고 있는 사상과 철학적 사고의 뿌리는 무엇일까? 그는 어떻게 그 짧은 기간에 당시에는 산업화로 이루어진 자본주의의 약점을 파고드는 공산주의의 폐단을 알게 되었는지, 인류가 그렇게도 갈구하던 자유의 가치를 우리의 삶 속으로 이끌어 오게 하였는지, 모두가 함께 일하고 함께 먹고 살자는 공산주의의 사탕발림을 일소하고 자유 민주주의 통일 국가의 건설을 주창할 수 있었는지에 대한 그것의 뿌리를 알아야 이승만 건국 대통령을 이해할 수 있다.

이승만은 유교적 소양을 바탕으로 하는 동양 철학에 유능한 사람이었다. 그러나 그를 동양 철학의 소양자로 축소해서는 그를 이해할 수 없다. 그는 동양 철학뿐만 아니라 서양 철학적 소양에도 박식한 인물이다. 그가 집필한 독립정신(1904)과 박사 학위 논문인 "미국의 영향을 받은 영세 중립론", 한국 교회 핍박(1913), 1912년부터 발간한 태평양 잡지 그리고 1941년에 쓴 Japan Inside Out(일본 내막기)에 묻어나는 서양 철학적 소양이 얼마나 풍부한지를 이들 저서를 통해 알 수 있다.

그의 저작 속에 묻어나는 철학적 향기는 칸트의 영구 평화론, 토마스 홉스의 사회계약론, 존 로크의 인간 지성론, 아담 스미스의 국부론, 토크 빌의 미국 민주주의, 사도 바울 이후 최고의 신학자인 어거스틴과 종교개혁을 일으킨 마르틴 루터와 그의 큰 영향을 받은 스코틀랜드의 장로교회와 네델란드의 신칼빈주의 그리고 미국의 청교도에 결정적인 영향을 준 쟝 칼뱅의 『기독교강요』에 나타난 하나님의 절대 주권의 기독교적 정신 세계의 가치를 중시하는 풍부하고 다양한 지식을 섭렵하고 있음을 알 수 있다.

"나는 이승만입니다. 미국 워싱턴에서 국내나 해외에 산재한 우리 2,300만 동포에게 말합니다. 어데서든지 내 말 듣는 이는 자세히 들으시오. 들으면 아시려니와 내가 말한 것은 제일 긴요하고 제일 기쁜 소식입니다. 자세히 들어서 다른 동포에게 일일이 전하시오. 또 다른 동포를 시켜서 모든 동포에게 다 알게 하시오. 나 이승만이 지금 말하는 것은 우리 2,300만의 생명의 소식이요, 자유의 소식입니다. 저 포악무도한 왜적의 철망, 철사 중에서 호흡을 자유로 못하는 우리 민족에게 이 자유의 소식을 일일이 전하시오. 감옥 철창에서 백방 악형과 학대를 받는 우리 총애 남녀에게 이 소식을 전하시오. 독립의 소식이니 곧 생명의 소식입니다."

이승만은 1942년 6월 13일 미국의 워싱턴 D.C에 소재한

VOA(Voice of America)를 통해 2300만 국민에게 곧 일본이 패망할 것인 즉 희망을 잃지 말고 투철한 독립의 의지로 광복을 준비할 것을 독려하면서 이 소식을 "자유의 소식이요 생명의 소식"이라고 전하고 있다. 여기서 이승만이 말하고 있는 자유와 생명의 소식은 하나님의 말씀을 깨달은 사람만이 얻게 되는 생명과 자유라는 개념으로 기독교적 가치관의 핵심 중에 핵심 용어임에 틀림없다.

창세 이후 인류의 조상 아담과 하와가 타락하면서 힘과 권력이 지배하는 약육강식의 사회적인 조직 형태가 이루어져 왔다. 하나님은 이를 말씀을 통한 선(정의)이 지배하는 세상을 만들고자 하셨다. 동서 고금을 통틀어 어느 사회든지 그 사회를 이끌어 가는 기본적인 정신과 질서가 인간의 경험을 통하여 자연스럽게 세워지게 되는데 우리는 이것을 전통(Tradition)이라 부른다. 동양 사회를 이끌어온 기본 정신이자 사상이라고 한다면 인의를 중시하는 도(道)의 정신이라고 할 수 있다. 반면 희랍 철학을 바탕으로 서양 사회를 이끌어 온 기독교의 기본 사상은 선악을 구별하는 진리(眞理)를 추구하는 정신이라 말할 수 있다. 이 모두가 사람이 올바르게 살아가는 이치를 추구하려는 정신인 것이다.

이승만 대통령은 1953년 미국을 방문하여 그해 8월 16일 미국 수도 워싱턴의 유력지 "이브닝스타(Evening Star)"의 일요판 "선데이스타(Sunday Star)"에 기고한 "나는 왜 홀로 섰는가? Why I stood alone"라는 글에 이렇게 자신을 소개하고 있다.

"나는 긴 세월 기독교 윤리와 유교 윤리를 모두 연구해 온 학자다. 이 두 철학에 뿌리 박힌 격률은 미국인의 문구로 이렇게 표현된다: "옳음이 승리한다(Right will prevail)." 결국 내 생애 58년 가까이 걸려서야 비로소 조선 국왕들과 일본인들의 반동적 지배로부터 남한만의 해방이라도 성취할 수 있었다. 나는 결코 옳음이 결국 승리하리라는 확신을 잃지 않았다."

정의가 승리한다는 이승만 대통령의 이러한 고독한 투쟁과 결단, 그리고 정의를 향한 갈망과 인내의 정신은 그 근원이 무엇인지를 알아야 그의 정신과 사상을 이해할 수 있다.

그러면 이승만의 가슴과 정신 세계에 뿌리 박혀있는 기독교의 기본 정신은 무엇이라고 할 수 있는가? 하나님의 창조 섭리와 인류 구원을 위해서 예수님이 이 땅에 오신 목적과 세상을 향해서 베풀어 주신 구속사적 행적, 그리고 말씀을 통해서 인간에 대한 하나님의 사랑, 곧 기독교의 본체이신 예수 그리스도의 사랑의 가르침을 인문학적 접근을 통해 보면 그 정신은 진리와 자유 및 평등의 인권 중시, 그리고 어떻게 해야 행복해질 것인가에 대한 해답인 것이다.

이러한 하나님의 자유 정신에 바탕을 둔 기독교 근본 정신이 이 세상에 뿌리내리게 하기 위하여 사람들의 마음과 정신을 변화시키는 운동(Movement) 3가지를 꼽자면 Pilgrim(청교도) 정신, Protestant (불의에 항거하는 개신교) 정신, Pioneer(개척자 및 선구자) 정신 즉 3P정신이라고 말할 수 있다.

이 3P정신은 하나님의 구속사의 강물이 면면히 흐르는 가운데 이 도도한 물줄기가 제 방향을 잃었을 때마다 올바른 방향으로 강물의 흐름을 바꾼 강물의 밑바닥으로부터 흐르는 거대한 역사의 흐름이다. 이러한 구속사적 물줄기는 인간의 힘으로는 함부로 바꿀 수 없고 하나님의 뜻을 깨달은 사명자들에 의해서만 불의의 물줄기를 제자리로 돌릴 수 있었다.

1) Pilgrim 정신(청교도)

하나님은 아담의 타락과 노아 홍수 이후 죄악으로 인한 세상의 혼탁을 더 이상 보지 못하시고 당신의 구속사의 무대 한가운데로 한 사람을 불러내시는데 그가 이스라엘의 조상이자 기독교인들의 영적 조상 아브라함이다.

"여호와께서 아브람에게 이르시되 너는 너의 본토 친척 아비 집을 떠나 내가 네게 지시할 땅으로 가라." (창 12:1)

당시 씨족 사회였던 아브람이 떠난 본토 친척 아비 집은 초 승달 모양의 메소포타미아의 갈대아 우르다. 그는 갈대아 우르를 떠나 유브라테스 강을 건너 하란 땅에 이르렀고 하나님은 그를 약속의 땅 가나안으로 인도하시길 원하셨다. 사람들은 고향을 떠나 유프라테스 강을 건넌 아브라함의 후손을 히 브리인(עברית [Ivrit], Hebrew)이라 불렀다(창 14:13). 아브라함은 스스로 자신을 히브리 사람으로 불렀는데 그 의미는 "강을 건넌 사람", "고향을 떠난 사람" 즉 본향을 향해 가고 있는 나그네 신세(Pilgrim)를 뜻한다.

아브라함을 불러 내어 본향을 준비하는 나그네 길을 걷게 하신 하나님께서는 믿음의 사람들을 "이 세상에 잠시 머물다 떠나는 나그네"로 규정하셨다. 그리고 하나님은 아브라함의 후손인 이스라엘 백성들이 가나안 땅에 들어가 정착할 때까지 한 곳에 머물게 하지 않으셨다.

아브라함은 하나님의 이러한 뜻을 깨닫고 사랑하는 아내 사라가 죽자 이렇게 말하며 자신이 Pilgrim임을 고백한다.

"나는 당신들 중에 나그네요 거류하는 자니 당신들 중에 내게 매장할 소유지를 주어 내가 나의 죽은 자를 내 앞에 내어다가 장사하게 하시오." (창 23:4)

그리고 그의 아들 이삭 역시 가는 곳마다 우물을 팠는데 원주민들이 요구하면 그는 아낌없이 우물을 넘겨주고 다른 곳으로 이주하였다. 그가 그렇게 평생 판 우물이 7개나 된다. 아무리 부자라도 사막의 땅에 평생 한 개의 우물을 파기도 힘든데 이삭은 7개의 우물을 팠음에도 미련도 없이 주고 떠났다. 이삭 역시도 나그네의 삶이 몸에 베어 있는 사람이라는 증거다(창 26:12-25).

야곱은 쌍둥이 형인 에서를 속인 죄로 젊어서부터 아비 집을 떠나 외삼촌인 라반의 집에서 처가살이를 하면서 나그네의 삶을 살았다. 70명의 식솔을 이끌고 애굽으로 이주한 야곱이 "바로 왕 앞에서" 자신의 인생을 '나그네(Pilgrim)'에 불과하다고 고백했다. "야곱이 바로에게 이르되 내 나그네 길의 세월이 백삼십 년이니이다. 내 나이가 얼마 못 되니 우리 조상의 나그네 길의 연조에 미치지 못하나 험악한 세월을 보냈나이다." (창 47:9) 나그네로 들어와 살게 된 야곱의 후손인 히브리 사람 이스라엘 백성들이 그의 조상 아브라함에게 약속하신 하나님의 말씀을 믿고 약속의 땅 가나안이라는 본향을 찾아 떠나는 인생임을 출애굽기를 통해 알 수 있다.

하나님 말씀인 성경은 믿음의 사람들을 천국에 소망을 두고 이 세상을 나그네로 살아가는 하늘 백성으로 규정하고 있다(히 11:13, 벧전 2:11). 천국을 본향으로 삼는 사람은 이 땅의 삶을 나그네 인생으로 생각하기 때문이다. 믿음의 선진들은 모두 이 땅에서 나그네로서의 삶의 자세를 견지했으며 더 나은 본향을 사모하는 삶을 살았다(히 11:13-14). 이 세상의 나그네로 칭함 받은 사람들의 하나님은 그것을 부끄러움으로 받아들이지 않으시고 그들을 위해 하늘에 한 성을 예비하신다고 하셨다(히 11:16).

이러한 하나님은 출애굽을 한 이스라엘 백성에게 그들이 애굽에서 나그네로 살았던 것을 기억하라고 명하신다(출 22:21). 그리고 너희들의 처지를 본받아 이스라엘 중에 거하는 나그네들을 압제하거나 학대하지 말고 그들을 돌보아 주라고 말씀하셨다. 안식일에 쉬는 것(출 23:12), 공평한 재판을 받는 것(신 16:18), 추수할 때 이삭과 열매를 남겨두는 것(레 19:9-10), 제 삼 년 곧 십일조를 드리는 해의 소산을 주어 먹게 하는 것(신 26:12) 등 모두가 나그네를 위한 준수 조건으로 말씀하셨다.

예수님도 태어나실 때부터 나그네 신세로 출생하셨다. 헤롯 왕의 학대를 피해 말구유에서 나셨고 다시 애굽으로 피신하셨다가 나사렛 땅에서 사셨다. 그리고 제자들에게 "여우도 굴이 있고 공중의 새도 집이 있지만 예수님은 머리 둘 곳이 없다고 말씀하시며(마 8:20) 이 세상에서 나그네로서의 삶의 정체성을 강조하셨다. 그리고 나그네를 대접하는 사랑이 얼마나 중요한지를 가르치셨고 예수님의 가르침을 본받은 제자들 역시 나그네 대접하기를 소홀히 하지 않을 것을 강조하고 있다(롬 12:13, 갈 6:10, 딤전 6:18, 딛 1:8).

그리고 아예 나그네를 대접하는 삶의 태도가 교회의 감독과 장로, 참과부의 자격 요건 중 하나로 규정하고 있다(딤전 3:3; 5:10, 딛 1:8). 예수님의 수제자 베드로 사도는 성도들에게 이 땅에서 나그네로 살아갈 때 두려움으로 지내라고 권면하고 있다(벧전 1:17). 천국을 소망하며 본향으로 여기며 사는 사람들을 성도라고 부른다. 그들은 이 땅에 살면서도 하늘에 소망을 두며 나그네로 살아가는 사람들이기 때문에 이 땅에서의 부귀 영화에 관심두기보다는 얼마나 하나님의 뜻을 쫓아 살고 있는가? 얼마나 정의롭게 살고 있는가에 관심을 두고 사는 사람들이다.

이렇게 구속사의 시작으로 나타난 나그네(Pilgrim) 정신은 기독교 정신의 중요한 신앙적 자산이 되었고 기독교가 시대에 따라 어떠한 핍박과 공격을 받아도 이를 능히 이겨내는 신앙의 외유내강의 내적 방패가 되었고 중세를 넘어 종교개혁 이후 유럽으로 퍼져 나간 개신교 운동의 한 지류인 청교도

(Puritan) 운동으로 신대륙을 넘어 미국의 뿌리가 되었다.

가) 청교도의 시초

청교도(Puritan)라는 명칭은 영국의 종교 개혁자들과 그의 추종자들을 일컫는 표현이다. 청교도 개혁 운동은 영국의 종교 개혁 운동과 밀접한 관계가 있다. 1534년 영국 왕 헨리 8세의 이혼 문제로부터 시작된 로마 가톨릭과의 불화가 로마 교황청과의 결별을 선언하면서 시작되었다.

1534년 수장령(Acts of Supremacy)에 따라 영국 국왕을 최고 수장으로 하는 독립교회가 세워지게 되었는데 이를 영국 국교회(성공회, Episcopal church)라 부르게 되었다. 명목상으로는 영국에 종교개혁이 시작되었다고 볼 수 있으나 국교회 내에서는 여전히 천주교의 형식주의적 요소가 잔재하고 있었다. 반쯤 이루어진 종교개혁을 완전히 이루고자 등장한 무리들이 청교도(Puritan)들이다.

청교도 교회 개혁은 더욱 발전하여 엘리자베스 1세(Elizabeth I, 1533-1603) 여왕이 다스리던 1560년대에는 청교도 운동이 하나의 조직된 운동으로 여겨졌으나 엘리자베스 여왕의 천주교 회귀로 핍박을 받다가 결국 영국 국교회 내에서의 청교도 운동은 1662년대 추방령으로 종식되었다고 할 수 있다. 그리고 1688년 명예혁명이 일어남으로 청교도들에게 설교하고 독립교회를 세울 수 있는 권리가 다시 주어지고 국교회 밖에서도 그 운동이 계속된다.

이렇듯 청교도는 한 세기 반 동안 영국에서 진행된 개신교 종교개혁 운동으로 시작되었다. 청교도 운동은 그들의 정신과 사상을 이어받은 그의 후예들에 의해서 지금도 계속되고 있다. 청교도라는 말이 최초로 사용된 시기는 1564년으로 추정되는데 이 이름은 처음에 영국 국교회에 비타협적인 개신교도들을 내리깎는 경멸조의 적개심으로 붙여진 호칭이었다. "타협할 줄 모르고 비판적이고 고집불통의 사람들", "국교에 반대하는 비판적이고, 기만적이고 위선적인 사람들"이라는 호칭으로 사용되었다.

그리스도인이라는 표현이 그리스도를 따르는 무리, 예수쟁이라는 경멸조의 명칭이었던 것이 그리스도인에게는 영광스러운 호칭이 되었듯이 청교도들이라는 경멸의 표현도 후에는 그 시대의 사명자들이라는 영광스러운 이름으로 불리게 되었다.

나) 청교도의 정체성
미국 그린빌 신학교 총장인 조셉 파이파(Dr. Joseph A. Pipa)

박사는 청교도에 대한 정체성을 첫째는 그들은 우리와 같은 상황 속에서도 효과적인 복음 사역을 하였고 둘째는 우리의 신앙 고백적인 표준서들의 발원자들이라고 정의했다.

또 다른 복음주의 신학자인 제임스 패커(J.I. Packer)는 청교도들의 신앙심을 다음과 같이 일곱 가지로 들고 있다.

1) 청교도들은 성숙한 기독교인의 모델이다.

2) 신학적 통합성을 추구했다.

3) 영적 표현의 질이 뛰어났다.

4) 효율적 행위에의 열정을 가졌다.

5) 가정생활의 안정을 위한 프로그램을 가지고 있다.

6) 인간의 가치에 대한 지각을 가졌다.

7) 교회 갱신의 이상을 가졌다.

청교도들은 예수님 이후 교회 역사를 통해 가장 신앙적 삶을 실천했던 사람들로 성경에 가까운 삶을 살았던 사람들이다. 로이드 존스(Martyn Lloyd Jones, 1899-1981) 역시 청교도들은 언제나 신약으로 돌아가길 원했다고 평가하며 "청교도주의는 궁극적으로 하나의 정신 구조요 하나의 정신입니다."라고 말했다.

분명한 것은 청교도들은 오늘날의 개신교 형성에 지대한

영향을 미쳤다는 것이다. 고향을 등지고 종교의 자유를 찾아 신대륙의 미국으로 떠나 오늘날의 미국 교회와 미국의 정치, 교육, 사회 전반에 영향을 미쳤으며 영국 교회 내에서도 장로교회, 영국의 회중교회, 분리주의교회, 감리교회 등에 영향을 미치게 된다.

다) 청교도의 모범

미국의 청교도들은 영국에서의 개혁의 실패와 박해로 인하여 신대륙에 새로운 나라, '언덕 위의 도시'를 세우고 부패한 세상에 신앙적 모범이 되어 하나님이 기뻐하시는 거룩한 국가(Holy Commonwealth)를 건설하고자 하였다. 그리고 이들은 칼빈주의자들로서 성경의 절대성을 기반으로 신앙과 생활의 규범으로 삼았다. 하나님의 절대 주권과 구원에 있어서 예정설과 예수 그리스도를 말미암은 하나님의 은혜와 섭리를 믿었다. 가정을 개혁의 기초로 보았고 예배와 주일 성수에 대하여 확고한 자세를 가지고 죄를 멀리하고 거룩한 삶을 살기 위해 몸부림쳤다. 목사는 목회자로서 자질과 자격을 갖춰야만 했으며 설교를 위해 부름 받은 사실에 최상의 가치를 두었다. 존 후퍼에 의해서 제기되었던 성직자의 복장 문제는 착용하지 않는 것으로 의견을 모았다. 중요한 것은 이들은 직업을 소명으로 여기고 삶의 거룩한 사역으로 간주하였다는 것이다.

영국의 청교도주의가 서양 근대 사상에 가장 크게 기여한 것은 하나님과의 언약 사상이었다. 청교도 자신들은 하나님의 면전에서 생활하며 하나님과의 대면 의식 속에 살아가는 하나님의 선민이며 하나님과 자신들의 교회와 국가가 언약을 맺은 관계라는 점을 강조한다. 동시에 종말론의 천년 왕국 사상은 타락한 영국을 떠나 신앙의 자유를 찾아 이상적인 모범 국가를 만들어야 하는 소명의식을 바탕으로 미국의 건국과 발전에 지대한 영향을 끼쳤다.

신대륙으로 건너온 첫 번째 공동체가 순례자들이라고 불리는 분리주의의 청교도들이다. 종교의 자유를 위하여 네덜란드의 라이텐을 거쳐서 1620년에 메이플라워호를 타고 미 대륙으로 건너온 사람들이다. 선상에서 메이플라워 협약을 맺었는데, 그 협약은 그들이 플리머스에서 이룩할 공동체 정부의 기초가 되었다. 그러나 이들은 적은 인구 숫자로 인하여 미국 초기의 역사에 큰 영향을 남길 수는 없었지만 그들이 이룩한 플리머스 공동체는 1691년 매사추세츠 공동체와 합병하였다.

보스톤을 중심한 매사추세츠 공동체는 비분리주의 청교

도들이다. 1630년 존 윈스롭과 비분리주의자들로 구성된 약 1,000명의 회중주의 성향의 청교도들이 아르벨라호와 10척의 배를 나누어 타고 뉴잉글랜드에 도착하였다. 그들은 부패한 세계에 대해 모범이 되는 거룩한 사회, 곧 '거룩한 도시'를 건설하기를 원하였다. 그러기 위해서는 참정권을 가진 자유인을 회심의 경험이 있는 자로 제한하였다. 그들의 사상적 배경은 종교 개혁자들의 언약 사상과 종말론에 기인한다.

청교도들은 뉴잉글랜드를 중심으로 최초의 13개 주로 시작되는 미국이 건국되는 과정에서 영향을 남겼다. 정치적 측면에서 자유와 책임, 권리와 의무를 다하는 정신을 심어주어 미국 독립 선언과 독립 전쟁에 커다란 정신적 지주가 되었다. 또한 청교도가 세운 교회는 독립을 위해서 앞장을 섰다. 경제적 측면에서도 프론티어(Fronteer) 정신으로 자유 경제 질서와 자본주의의 기틀을 놓았다. 사회, 도덕적으로도 그들이 세웠던 뉴잉글랜드는 범죄가 없는 세계적인 모범 국가였다. 교육적 측면에서 청교도들은 영국에서 유명 대학을 나온 자들로 미국의 초등 교육을 실시하고 가장 먼저 대학을 세워 미국 공교육의 효시가 되었고 미국 북동부의 Ivy League의 명문 사립대학군을 이룬다. 종교적으로도 대각성 운동이 일어나 영적으로 각성하게 할 뿐만 아니라 미국인이라는 'Liberty(자유)',

"In God We Trust(우리는 하나님을 믿는다)", 'E Pluribus Unum (out of many, one '여럿에서 하나로'를 뜻하는 라틴어 문구)'이라는 독립 혁명과 건국 정신, 국가 정체성을 담고 있는 이 3대 가치관을 심어 주어 미국의 독립과 건국에 기초가 되게 하였다.

라) 이승만과 청교도 정신

이승만이 고종의 밀사로 미국에 도착할 당시 미국의 종교적 상황은 조나단 에드워드(1703-1758)의 영향으로 청교도적 신앙의 바탕으로 대각성 운동이 일어나고 젊은 청년들의 선교적 열풍이 불던 때였다. 하나님은 이승만을 청교도적 신앙을 배우게 하기 위하여 프린스턴대학교에서 박사 학위 공부를 하도록 하였으며 이승만은 그곳에서 1년 동안 신학 공부를 할 수 있었다. 이승만은 프린스턴 신학교에서 신학을 공부하면서 그린(Greene)이라는 변증학 교수에게 강의를 들었을 뿐 아니라, 박형룡과 한경직 목사의 스승이었던 찰스 어드만(Charles Eerdman) 교수로부터 바울 신학을 공부했다. 그리고 그는 Miller Chaple 시간에 매일 신학교의 학장이자 대칼빈주의자였던 B. B Warfield와 Geerhardus Vos 아래서 설교를 듣곤 했다.

비록 이승만이 신학 강의를 들을 때에는 아브라함 카이퍼의 강의를 들을 수는 없었지만 신학교 학풍의 흐름은 칼빈 신학에 입각한 청교도 정신으로 채워져 있을 때였다. 당시 프린스턴 대학교에는 3대 칼뱅주의자로 꼽히는 네델란드의 헤르만 바빙크, 미국 프린스턴 신학교의 벤자민 워필드, 그리고 제2의 칼뱅이라고 불리며 네델란드의 수상을 역임했던 아브라함 카이퍼(Abraham Kuyper 1837-1920)가 벤자민 워필드의 초청으로 "Lecture on Calvinism"이라는 주제로 칼빈주의적 신학과 세계관을 강의했다.

그의 강의는 일반 은총과 하나님의 영역 주권 사상으로 개혁 신학에 많은 영향을 주었으며 인간 중심의 세계관에서 하나님 중심의 신본주의의 전환을 강조하였고 기독교가 개인 신앙의 차원에서 삶 전체, 우주 전체의 모든 영역으로 확장돼야 함을 주장하였다. 한국의 전 총신대 정성구 박사의 논문에 의하면 이승만은 아브라함 카이퍼의 신학과 신앙관에 심취하였고 그와 같은 삶의 궤적을 따라 비슷한 삶을 살게 되었다고 한다.

카이퍼는 목회자요, 신학자, 언론인, 국회 의원, 기독교 정당인 반혁명당(ARP 정당)의 당수를 역임했고 암스테르담 자유대학교를 설립하였으며 Doleantie라는 교회 개혁 운동을 통해 네델란드 개혁교회를 설립하여 "10개의 머리와 100개의 손을 가진 사람"이라는 별명을 얻기도 한 인물이었다.

이승만 대통령 역시 장로요, 신학자, 언론인, 자유당을 설립한 당수, 1914년 하와이에 한인기독학원을 세워 천대받던 여학생을 길러내고 대한민국을 건국하면서 여성에게 선진국들보다 더 먼저 여성 참정권을 부여한 인권주의자, YMCA 운동을 통해 개혁을 일으킨 개혁자의 길을 걷게 된다. 이승만의 능력은 10개의 머리와 100개의 손뿐만 아니라 현재 대한민국이 세계 10대 안에 드는 경제 선진국으로 발돋움을 하는데 기초를 닦은 든든한 4개의 기둥 같은 다리를 가진 분이었다.

이때 배운 청교도 정신은 이승만을 평생 검소하며 근면한 그리고 하나님을 의지하는 순수한 믿음 가운데 살게 만들었다. 이승만은 평생을 근검절약하며 소박하게 지낸 위대한 지도자였다. 하와이에서 한인중앙학원 원장으로 수년간 재직시 그는 봉급을 한 푼도 받지 않았다. 관계자들조차 그런 사실을 모르고 있다가 그가 이 학교를 떠날 때 이 사실이 비로소 알려지게 되어 많은 사람들을 놀라게 했다는 일화도 있다. 그에게 있어서 그가 가진 모든 지식과 생각은 먹고 사는 재산의 개념이 아니라 소명 그 자체였다. 이러한 그의 소명은 다른 외국인 지도자의 눈에 더 뚜렷이 띄게 된다.

이승만 대통령의 정치 고문이었던 로버트 올리버 박사는

자신의 저서 『이승만 없었다면 대한민국 없다』(Syngman Rhee and American involvement in Korea, 1942-1960: a personal narrative)에서 이 대통령의 청렴성에 대해서 이렇게 강조하고 있다.

이 진술은 이 대통령을 '부패하고 돈 많은' 사람으로 단정하기를 고집하는 사람들의 관심을 위해 기록해 둘 가치가 있다. 내가 23년간 그와의 친밀한 관계를 통하여 보건대 그는 결코 부유하지 않았고 그는 확실히 개인적으로 부패한 사람도 아니었다는 사실을 나는 분명히 깨달았다.

닉슨 대통령은 부통령 시절 아시아 순방 길에 한국을 방문해 이승만 대통령을 만났다. 닉슨은 이후 자신의 회고록에 당시 이 대통령과의 만남에 대해서 기록하고 있다. 그는 이 대통령을 "다른 아시아 국가 지도자들과 달리 국익을 우선했고 검소했던 지도자"라고 평했다.

닉슨은 "여행을 하면 할수록 이승만에 대해서 높이 평가하게 되었다"고 말했다. 실제로 한국을 방문했을 때, 닉슨은 아시아를 순방하고 있었다. 그 당시 닉슨의 눈에 비친 아시아의 지도자들의 모습을 읽어보면, 이승만은 단연 군계일학이었다. 닉슨은 인도네시아에서 수카르노 대통령의 궁전에 초대받은 이야기를 적었다. 수도인 자카르타는 엉망진창으로 더럽혀졌는데, 대통령 궁은 호화롭기 짝이 없었다. 닉슨은 "수

카르노는 독립 전쟁 땐 영웅이었지만, 나라를 다스리는 것은 그렇지 못하다"고 한탄했다. 비가 줄줄이 새는 대통령 관저를 수리도 못하게 했던 이승만과 대조적이다. 닉슨은 캄보디아의 국왕 시아누크에 대해서는 "정치에는 관심이 없고, 음악만 이야기한다, 희망이 없다"고 평가했다. 베트남 국왕 바오다이는 고원 지역에 천국처럼 꾸며 놓은 별장으로 닉슨을 안내했다. 그것은 닉슨에게 좋은 인상을 주지 못했다. "바오다이는 나라 일엔 관심이 없고, 개인 이익만 챙긴다"고 혹평했다.

이승만 대통령은 나라 일을 맡은 사람이 자기 집을 고치면 그런 데서 부정부패가 싹트게 된다고 하여 이화장은 물론 경무대도 지붕 새는 것을 수리하는 일 외에는 손을 못 대게 했다고 한다. 이승만은 일본식인 경무대의 방들을 좋아하지 않았지만, 경비 절약을 위해 일제 시대에 만든 다다미방조차 개조하지 않고 그대로 사용했다. (김용삼, "나라 살림 검소하게 하라", 미래한국, 2016.02.05.)

이승만 대통령 내외가 1960년 4. 19 혁명 이후 하와이로 떠날 때 소지품은 단 4개의 트렁크뿐이었다. 하나는 이 전 대통령의 옷, 하나는 프란체스카 여사의 옷, 또 하나는 소지품과 기내에서 먹을 점심과 약품이 든 상자, 나머지 하나는 이 전 대통령이 평생 사용해왔던 고물 타이프라이터가 전부였다.

이 타자기는 프란체스카 여사가 평생 비서처럼 이 대통령의 모든 서류를 만들고 책을 집필할 때 사용했던 것이다. 이승만 대통령이 『Japan Inside Out』을 집필할 당시 미국의 지도자들이나 언론이 자신의 일본이 미국을 공격할 것이라는 주장을 믿지 않고 "전쟁에 미친 늙은이"라고 놀리고 있었다. 언제 일본이 미국을 공격할지 모를 긴박한 상황에 빨리 책을 써서 이 사실을 세상에 알려야 했던 이승만이 쓴 글을 타이핑을 하던 프란체스카 여사의 팔이 부을 정도로 옆에서 비서처럼 내조한 프란체스카 여사의 모습만 봐도 이분들이 얼마나 검소한 생활을 했는지 알 수 있다. 이런 부분은 프란체스카 여사의 일기장에 무수히 많이 나오는 일화이다.

이승만 대통령은 1904년 11월 4일 제물포 항을 등지고 고국을 떠날 때부터 Pligrim(청교도)의 삶을 살았다. 소박하고 검소하며 그의 온 삶을 조국의 독립에 바치고 조선 왕정 국가가 36년의 일제 강점기 동안 죽었다가 대한민국이라는 자유 민주주의 국가로 부활하는데 가장 큰 기여를 한 건국 대통령이다. 특히 그는 아직 민주주의에 대하여 초등학교 수준인 국민들에게 민주주의를 가르친 교사요, 실천자요, 지도자였다. 그의 국가 건국에 대한 지식 수준은 국민에 비하면 대학생을 넘어 전 세계에서도 탑 클라스에 있던 걸출한 인물로 100년 앞을 내다보며 대한민국이라는 집을 지으신 분이다.

어찌 보면 현재적 눈으로도 감히 그의 국가적 비전과 세계를 보는 국제적 감각을 평가하기엔 우리의 수준이 미약하며 초등학생 수준임을 인정할 수밖에 없다. 지금도 자신들의 전술 전략에 맞춰 짧은 단편적 지식의 조각만 들고 이승만 죽이기에 혈안이 된 저 공산주의자들의 공작에 제발 이승만에 대하여 철저히 공부부터 하라고 권면하고 싶다.

마) 이승만의 거작 『Japan Inside Out』이 나오기까지의 긴박함

이승만은 미국의 명문 프린스턴 대학교에서 박사 학위를 받았기에 아마 당신이 원했다면 학교에서 교수로 편안한 삶을 살았을지도 모른다. 아니면 하와이에서 학생들을 가르치며 여생을 따뜻하게 보낼 수도 있었을 것이다. 그러나 그는 광화문을 본떠 지은 하와이 한인기독교회의 신축을 서둘러 축성식을 마치고, 한인기독학원 운영 체제를 정비하여 이원순, 김노디 등 측근들에게 맡긴다.

이승만이 하와이에서 교육에 힘쓰고 있을 때 세상의 정세는 급격한 변화의 조짐들이 나타나기 시작한다. 제2차 세계대전의 징후를 포착한 이승만의 안테나에 일본이 미국을 공격할지도 모른다는 감이 들기 시작한 것이다. 그는 하와이에

서만 머물고 있을 수 없었다. 일본이 미국을 공격하기 전에 미국이 먼저 공격하도록 이 사실을 세상에 알려야 했기 때문이다. 일본의 진주만 공격으로 시작된 태평양 전쟁은 어쩌면 대한민국의 독립에 실마리가 될 수 있다는 그리고 이것을 외교적 실마리로 풀어야 한다는 그의 촉각은 그를 하와이에만 머무를 수 없게 했다.

망명 27년을 살았던 '하와이를 떠나 1939년 11월 10일 정오, 이승만과 프란체스카는 여객선 메소니아호에 올라 21년이 흐른 뒤 4.19 하야 직후에야 '망명 아닌 망명'으로 다시 돌아오게 될 호놀룰루를 떠난다.

1939년 9월 1일 독일이 폴란드를 기습하자 이틀 후 3일엔 영국과 프랑스가 독일에 선전 포고하고 참전한다. 일본의 중국 침략 전쟁에 이어 제2차 세계 대전이 폭발한 것이다. 서둘러 워싱턴에 도착한 이승만은 급박한 국제 정세의 새로운 전개에 심장이 불탄다.

"미국이 일본을 공격할 미-일 전쟁의 때가 왔다. 아니 미국이 일본을 공격하도록 만들어야 한다. 어떻게 할 것인가?"

이승만은 미국인들에게 호소하는 책을 영어로 쓰기 시작하였다. 구미위원부 일을 함께 할 수 있는 싼 주택을 할부로 산다. 워싱턴 시내 각국 외교 공관들이 몰려 있는 거리 노스웨스트 지구에 자리한 아담한 2층 벽돌집에 이승만 부부는 12월 30일 입주했다. 국립동물원이 바라보이는 호버트 스트릿(Hobert St. N.W.) 1766번지, 밤낮으로 동물의 울음소리를 들으며 산책과 기도 속에서 이승만과 프란체스카는 역사적인 작품 저술에 몰입한다.

2) Protestant(불의에 항거하는 정신, 개신교) 정신

개신교(Protestant)는 16세기 마르틴 루터의 종교개혁을 계기로 로마 카톨릭에 항거하며 분리되어 생겨난 기독교 교파를 통칭하는 말이다. 성경에도 없는 불법을 자행하는 로마 카톨릭에 항거하여 개혁을 부르짖으며 생겨난 교파이므로 명칭도 고칠 개(改), 새롭게 할 신(新) 자를 써 "고치고 새롭게 한다"는 뜻이다. 1517년, 면죄부 판매는 독일 작센 주의 작은 마을에까지 이르게 된다. 비텐베르그의 대학 교수로 있던 루터는 교회가 권세를 남용하는 행태에 분노하여 면죄부 판매에 대한 95개조 반박문을 작성해 자신이 시무하는 교회 문에 게시했다.

1592년 독일 슈파이어에서 열린 제국회의에서 루터계 종교

개혁파들은 개혁을 탄압하는 카를 5세(Karl V) 황제와 로마 카톨릭에 대항하여 항의서를 제출하였다. 이때부터 종교개혁을 억압하는 세력에 맞서 항거(Protestatio)한 이들을 프로테스탄트(Protestant)라고 불렀다.

이후 이들이 주장하는 프로테스탄트의 기본 원리는 인간은 선행에 의해서가 아니라 신앙에 의해서만 의롭게 된다는 신앙 의인설과 신앙의 근거를 전통과 전승에 의한 것이 아니라 오직 성서에서만 구하는 복음주의, 그리고 성직자 제도를 폐지하고 베드로전서 2:9에 의거한 신 앞에서의 평등을 주창하는 "왕 같은 제사장"으로서의 만인 제사장주의로부터 시작한다.

이러한 프로테스탄티즘의 확산은 유럽 사회에 자유주의와 자본주의의 형성에 크게 기여하게 된다. 자유주의는 개인의 자유와 자유로운 인격 표현을 중시하는 사상과 운동으로 사회와 집단은 개인의 자유를 보장하기 위해 존재한다고 보는 사상의 기초가 되어 정치적으로는 민주주의와 경제적으로는 자본주의가 발달하게 되는 밑거름이 된다. 자유주의의 확산은 사유 재산을 인정하고 재화와 서비스의 자유로운 생산, 소비, 분배를 바탕으로 하는 사회적 시스템과 사상으로 발전하게 된다.

루터는 자신의 저서에서 교황의 월권, 성직자의 독신주의, 교회의 지나친 사치와 낭비를 비난하고 신학 교육의 개혁을 주장했다. 중세 교회는 종교라는 이름으로 교황에 의해 하나님이 주신 자유를 박탈하던 시대로 기독교의 핵심인 자유와 생명이 철저하게 제거된 시대였다. 교황을 중심으로 하는 조직은 수직적인 위계질서 안에서 자유로운 의사 소통이 단절된 사회였다. 루터는 이러한 교황 중심의 교회 체계와 가르침에 대한 저항으로 만인 제사장설을 주장하여 자유주의의 싹을 틔웠고 민권 의식이 성장하는데 큰 기여를 하게 된다.

루터의 성서 해석의 구원설은 오직 믿음으로 구원받는다는 것인데 이것은 소명으로서의 직업의식을 갖게 하였다. 즉 세속적 의무의 실천은 신을 기쁘게 하는 유일한 방법이자 신의 의지이며 허용된 모든 직업은 동일한 가치를 지닌다는 것이다. 이런 직업에 대한 의식의 변화는 직업 윤리로 나타나게 되어 현세적 삶에 대한 책임을 더 하게 만들었다.

칼뱅은 직업의 소명의식에 한 발짝 더 나아가 예정설에 의거하여 선택받은 사람으로 신으로부터 소명 받은 직업 노동에 헌신하고 이로부터 발생하는 이윤을 쾌락이나 향락 또는 경제 외적 낭비를 절감하여 지속적인 사업 투자를 하게 함으로써 신의 영광을 증대시키는데 헌신하도록 하였다. 이를 토대로 자본주의 발전과 산업 혁명의 꽃을 피우게 된다.

결국 불의에 항거하는 프로테스탄티즘은 예수님이 선포하신 사람들의 현실에 자유와 생명을 중시하는 개인의 인권의 발달로 이어져 세상이 하나님이 원하시는 자유를 존중하고 생에 대한 책임 의식과 생명 존중을 지켜내기 위한 법치와 근대 국가의 면모가 서서히 나타나게 한다.

가) 이승만의 저항 정신

기독교는 역설의 정신을 가르친다. 거친 물살을 거슬러 올라가는 연어들처럼 거짓의 아비 사탄이 만들어 버린 타락한 세상을 구원하시기 위해 이 땅에 오신 예수님의 말씀으로 거짓의 세상을 진실된 세상으로, 어둠의 세상을 빛의 세상으로 바꾸기 위해서는 세상과 구별되는 하나님의 거룩성을 가지고 세속적인 세상을 거슬러 하나님의 선한 세상을 이룩해야 할 과제를 신앙의 행동 양식으로 삼는 것이다.

"회개하라, 천국이 가까이 왔느니라." 메시아 예수님이 오시기 전에 그의 길을 예비하러 이 땅에 먼저 온 세례 요한의 광야에서 외친 소리다. 천국으로 오시는 예수님을 맞이하기 위해서는 먼저 회개해야 한다는 것이다. 회개의 시작은 나로부터의 개혁이다. 나 자신의 변화로 시작하여 세상을 변화시키는 마음의 변화다. 묵은 땅을 갈아 엎어야 씨앗을 심듯이 예수 그리스도를 만나기 위해서는 말씀의 씨가 뿌려져 잘 발아하도록 땅을 기경해야 한다. 뿐만 아니다. 예수님께서는 직접 실족한 세례 요한을 보시고 "세례 요한 때부터 천국은 침노하는 자의 것"이라고 역설하신다. 평화를 상징하는 천국은 침노하는 자의 것이고, 자신의 노력으로 쟁취하는 자의 것이라고 말씀하고 있다.

그러므로 구원은 우리 각자가 이루어 나가야 할 몫이 있음을 강조하고 있다. 하나님의 선민이라고 가만히 하늘만 쳐다보고 있다고 천국에 들어가는 것이 아니다. 기독교는 수동적이고 피동적으로 불의 앞에 굴복하는 무능한 평화주의자들의 종교가 아니기 때문이다. 성경의 요한계시록 19:11에 재림 예수에 관한 말씀이 나온다. 마지막 때에 거짓과 간신들이 날뛰는 세상에 백마를 타고 오셔서 충신과 진실이라는 이름으로 오셔서 공의로 심판하며 싸우신다고 기록하고 있다. 얼마나 오늘날 현실에 정확한 말씀인가? 그렇다면 우리 믿는 사람들은 예수님이 거짓 세상과 싸우실 때 가만히 쳐다만 보고 있어야 하는가? 아니다. 예수님이 우리의 자유를 위해 싸우고 계신다면 우리도 예수님을 도와 함께 저 거짓 세상에 저항하며 싸워야 한다. 이것이 Protestant 정신에 입각한 능동적이요 적극적인 기독교인의 자세이다.

중국의 고사 성어에 유비무환이라는 말이 있듯이 로마의 전쟁 전략가인 플라비우스 베게티우스 레나투스가 그의 군사학 저서에서 "시 비스 파쳄, 파라 벨룸(Si vis pacem, para bellum)"이라는 유명한 말을 하였다. 이 말은 "평화를 원한다면 전쟁을 준비하라"는 라틴어다. 역설처럼 들리는 플라비우스의 논고는 평화는 적극적이고 능동적으로 준비해야 누릴 수 있는 진정한 가치라는 확실한 명언 중의 하나다. 조선 시대의 학자인 율곡 이이는 십만양병설을 주장하였다. 그 주장의 진위야 어떻든 간에 그 당시 십만 명의 잘 훈련된 정예 군사만 있었다면 어떤 주변국이 무모한 침략을 강행할 수 있었겠는가?

나) 한국의 율곡 사업과 국방과학 연구소(ADD)

1960년대 중후반, 1.21사태, 울진-삼척 무장공비 침투 사건 등 북한의 대남 도발이 일어나고 1964년 8월부터 통킹만 사건을 계기로 월남전에 참전한 미국이 점차 전쟁의 늪에 빠져들자 제37대 미국의 대통령 리처드 닉슨의 닉슨 독트린 발표로 대한민국에는 커다란 안보 위기가 찾아왔다. 이에 따라 박정희 대통령은 한국군 2개 사단 이상 월남전 파병을 대가로 미국 정부로부터 한국군 현대화 계획 이른바, "브라운 각서" 를 체결했다.

그러나 1970년 2월 24일부터 열렸던 '사이밍톤' 청문회에서 미국의 와일러 통합참모본부장은 한국군의 장비가 여전히 제2차 세계 대전과 한국 전쟁 당시의 것이니 장비 개선이 필요하다고 지적했다. 그만큼 '브라운 각서'가 지적하듯이 제대로 진행되지 않고 있다는 얘기였다. 같은 해 9월 14일 영국 전략연구소 보고에서 남북한 군사력 차이를 비교했다. 전차는 한국군 주력 탱크는 M4 셔먼이고 76mm포를 장착한 반면에 북한 T-54, T-55, T-59 전차를 보유했으며 105mm포를 장착하고 있었다. 전투기의 경우, 한국은 1969년 8월 말에 도입한 F-4D 팬텀기 16대를 포함해서 총 200대 가량 보유했으나, 북한은 MIG-21 90대를 포함해서 총 580대 가량 보유하고 있었다. 세계적인 전략평론가는 북한군과 한국군의 군사력 비교를 3:1이라고 평가했다.

1971년 3월 27일 주한미군 제7사단 2만 2천 명이 철군하자, 박정희 정부는 1972년 12월 최초로 국방 목표를 '자주 국방'으로 설정하고 국방 정책과 군사 전략 수립의 방향을 명문화했다. 한국군 장비의 현대화와 방위 산업 육성으로 1974년 2월 건군 이후 최초로 제1차 전력 증강 계획이 이른바 '율곡사업'(

조선 시대 임진왜란 전에 10만 양병설을 주장한 율곡 이이(李珥)의 호를 딴 암호명, 1974-1981)이다.

국방과학연구소(ADD)는 '자주 국방의 초석'이라는 기치 아래 1970년 8월 6일 창설된 국방과학기술 연구 기관이다. 국방에 필요한 무기, 장비 및 물자와 관련한 기술 조사, 연구, 개발 및 시험을 담당하여 왔으며 무기 체계 획득과 관련된 기술 검토 및 시험 평가 등 기술 지원을 수행하여 국방 및 국가 과학 기술 발전을 선도하고 있다.

국방과학연구소는 과학기술로써 자주 국방의 사명을 다하고자 1970년 8월 6일 창설되었다. 우리나라는 1960년대 중반 이후 북한의 군사적 위협 증대와 미국의 대아시아 정책의 변화로 자주 국방 정책을 추구하게 되었다. 1970년 초 박정희 대통령은 국방부에 방위산업을 전담할 부서 설치를 지시하였으며, 이를 계기로 국방과학연구소가 창설되었다. 창설 당시 연구소는 정부 기관 성격을 가지되 예산회계업무상 불필요한 제약을 배제하고자 특수 법인체로 창설되었다. 연구소는 1971년 말 방위 산업을 촉진하고 예비군 무장화를 조기에 달성하기 위한 긴급 병기 개발(번개 사업) 착수를 기점으로 소화기, 발칸포, 로켓, 탄약 등 기본적인 무기 체계와 장비, 물자 등의 개발 능력과 기술을 확보하였다. 1972년 11월 서울 홍릉에 새로운 신축 청사를 마련하였으며, 1974년 2월에는 유도탄 개발을 목적으로 하는 항공 공업 육성 계획에 따라 대전기계창을, 1976년 5월에는 해군 장비 개발을 위한 진행기계창을 설치하였다. 연구소는 1980년 9월 2일부로 종전의 지역 개념 조직 체계를 무기 체계별 임무 개념으로 전환하여 5개 사업단, 즉 지상 병기(서울), 해상 병기(진해), 항공기 및 유도 무기(대전), 통신 전자(대전), 화공 기재(대전) 사업단으로 조정하고, 시험평가단(안흥)과 더불어 6개의 단으로 편성하였다. 그리고 1983년 1월 연구소 본부를 서울 홍릉에서 대전으로 이동하였다. 이후 1995년 5월 창원 기동시험장, 진해 해상시험장을 건설하고 1998년 민군 겸용 기술 센터를 설립했으며, 2008년 9월 해미 항공시험장을 건설, 운용 중이다. 이러한 변화 과정에서 부설 기관이었던 국방관리연구소(현 국방연구원)가 1987년 3월에, 국방품질관리소(현 국방기술품질원)가 2006년 2월에 각각 국방과학연구소에서 분리되었다.

이를 기반으로 현재 대한민국의 국방력은 세계 최상위급에 이르렀고 국방 산업은 해마다 상상을 초월하는 수출을 이룸으로 유비무환과 율곡의 십만양병설은 500년이 지나 그 뜻을 이룬 셈이다.

다) 분투하라! 싸워라!

"우리가 피를 흘려야 자손 만대의 자유 기초를 회복할 것이
다. 싸워라! 나의 사랑하는 2,300만 동포여!"

기독교는 하나님의 정의의 힘을 믿고 불의에 항거하는 저
항 정신으로 무장한 기독교인들에게 갖추어야 할 영적 무기
이인 영성을 요구하고 있다. 울창한 숲과 넓은 초원을 달리는
최상위 포식자인 사자나 호랑이, 표범 등은 야성이 최고의 무
기다. 야성이 사라진 야생 동물은 철장의 우리에 갇힌 동물원
구경꾼들의 눈요기 꺼리에 불과하다. 기독교인에게서 저항
정신이 없으면 세상 사람과 같아진다. 기독교가 종교개혁을
통하여 로마 가톨릭에 대항하여 개신교가 된 것은 불의에 대
한 저항 정신이 이뤄낸 쾌거이기 때문이다. 이승만은 젊어서
부터 당시의 봉건주의적 사고 체계와 불합리한 왕정 제도의
체제에 저항했던 시대적 소명자였다. 이승만 대통령은 1960
년 4월 26일 경무대로 찾아온 데모 학생 대표들에게 이렇게
말했다

"잘 왔네. 젊은이들이 이런 일을 하지 않으면 누가 하겠는

가? 나도 젊었을 때는 나라를 위해 목숨을 바치겠다는 각오로 많은 일을 했었지. 불의를 보고 일어서지 않는 백성은 죽은 백성이야. 이제 나가서 내가 하야한다고 말해도 되네. 어서 가보게."

이 대목을 생각해 보면 자유 민주주의를 위해 평생을 바쳤던 이승만 대통령의 심기가 적나라하게 묻어나온다. 당장 그만두고 싶어도 아직 자유 민주주의가 무엇인지 잘 모르는 철부지 같은 백성들에게 맡길 수도 없고 민주주의만 지키기에도 버거운데 공산 괴뢰군들은 언제 다시 쳐들어와 목숨 걸고 지켜낸 자유 민주주의 나라가 공산화될지도 모르는 이 현실 앞에서, 그는 마치 장기 집권자라는 누명을 쓰고서라도 끝까지 갈 것인지 아니면 죽더라도 표범처럼 눈 덮인 킬리만자로 정상으로 올라갈 것인지... 결국 4. 19를 거쳐 왜 5. 16 혁명이 일어났어야만 했는지 누구도 말하고 싶어 하지 않지만 우린 속으로 중얼거린다. 우리는 말은 안 해도 다 안다. 그 이유를....

라) 킬리만자로의 표범처럼

1985년 가수 조용필 씨가 불러 뭇 남성들의 야망과 고독을 표현했던 노래 '킬리만자로의 표범'는 김희갑 작곡자와 그의 부인 양인자 씨의 작시로 세상에 나오게 되었는데 원래 소설가가 되기를 원했던 양인자 씨가 자신의 인생관을 일기장에 적어놓은 것을 모티브로 만들어진 곡이라고 한다. 가사는 어니스트 헤밍웨이의 단편소설 '킬리만자로의 눈'에 나온 내용이 모티브가 되었는데 거기서 산정 높이 올라가 굶어서 얼어 죽은 눈 덮인 킬리만자로의 표범 이야기가 나오고, 가난하지만 이상을 좇던 인물이 결국 세상에 굴복해 돈 많은 여성과 사랑 없이 결혼해 평생 부유하지만 알맹이가 없는 삶을 살다가 죽어가며 후회하는 이야기로 되어 있다. 짐승의 썩은 고기만을 찾아다니는 산기슭의 하이에나처럼 물질을 얻기 위해 이상을 포기한 타락한 예술가가 되기보다는 차라리 산정 높이 올라가 굶어서 얼어 죽은 눈 덮인 킬리만자로의 표범처럼 이상을 위해 매진했지만 처절히 불태우지 못한 자신을 후회하는 내용의 노래다.

먹이를 찾아 산기슭을 어슬렁거리는
하이에나를 본 일이 있는가
짐승의 썩은 고기만을 찾아다니는
산기슭의 하이에나

나는 하이에나가 아니라 표범이고 싶다

산정 높이 올라가 굶어서 얼어죽는

눈 덮인 킬리만자로의

그 표범이고 싶다.... (중략)

이승만 대통령은 있어야 할 자리를 알았고 떠나야 할 때를 알았던 멋진 신사였다. 그는 우리 국민들에 대하여 비록 덜 성숙된 민주주의 의식에 대한 초조한 걱정과 북한 공산당들에 대한 안보적 불안감은 남아 있었지만 국민이 원한다면, 그리고 당신이 알지 못했던 부정 선거에 대한 책임이 있다면 한시도 주저함 없이 하야를 결정했던 철저한 민주주의 신봉자였다.

이승만 대통령의 이러한 기독교 신앙적 영성이 있었기에 그는 매사에 과감한 결정을 할 수 있었다. 그는 고종의 밀사로 미국을 설득하기 위하여 조국을 떠날 때 고종의 명령만을 받들고자 떠났던 것이 아니다. 그가 이국만리 잘 알지도 못하는 미국으로 떠날 수 있었던 것도 오직 조국의 운명을 위한 것이었고 하나님의 부름을 받은 선교사들의 도움과 설득이 있었기 때문이었다. 이승만은 이미 미국과 일본의 밀약을 알고 난후에는 과감하게 미국에 남아 조국의 앞날을 위하여 해야 할 사명이 있었기에 국적도 없이 40년 동안 미국의 망명생활을 하면서 외교 독립 운동을 할 수 있었다.

그리고 대한민국의 독립을 위하여 그가 할 수 있는 최선의 방법은 외교를 통한 국제 사회를 이해시키기 위한 대의명분과 설득력과 저들과 맞설 수 있는 국제 정치에 대한 실력이었다. 그 당시 일본이 군국주의로 나갈 때 그들의 군사력은 170만이었고 1940년대 들어 만주공화국을 건설하고 미국과 태평양 전쟁을 일으킬 때 700만 명이 넘는 군대를 보유한 거대한 군사 제국이었다. 거기에 5천여 명의 독립군으로 일본과 맞서 싸워 독립을 이룬다는 것은 실로 계란으로 바위를 깨뜨리려는 무모한 일임을 알았기에 한성 감옥에 함께 수감되었을 때 의형제를 맺고 이승만이 하와이에 정착할 수 있도록 도와주었던 박용만이 무장 투쟁론을 주장하자 사탕수수 농장에서 어렵게 벌어 독립 자금을 대어주는 하와이 동포들의 눈물과 땀으로 만든 독립 자금을 허비하는 것을 안타깝게 여겨 그와 결별할 수밖에 없는 운명을 맞게 된다.

1910년 이승만은 박사 학위를 받고 미국 선교부의 추천으로 한국의 YMCA 총무로 부임하여 열정을 다해 고국의 젊은 이들을 깨우고 가르치자 일본은 이승만을 방치하고는 식민 정책을 펼 수 없음을 알고 당시 데라우치 총독을 암살하려 한다는 105인 사건을 조작하여 기독교를 핍박하자 한국의 선교사들은 다시 이승만을 미국으로 피신을 시킨다. 1912년 3월 26일 37번째 생일 날 이번에도 정처 없는 망명의 길임을 알지만 미국으로 떠난다.

마) 이승만의 저서 『한국 교회의 핍박』

철저한 청교도적 신앙으로 무장한 이승만은 1913년 하와이에서 '한국 교회의 핍박'을 저술하여 우리 민족을 향한 희망과 긍정의 메시지를 전달하고 있다. 그는 이 저서에서 일본이 육신적으로는 조선을 합병해서 나라를 침략했지만 조선의 정신을 빼앗지 못했음을 밝힌다. 그는 일본의 군국주의를 욕심 많은 자가 고깃덩이를 덥석 한입에 넣었지만 소화시키지 못한 것에 비유하면서 한국 교회가 독립운동의 원천이기 때문에 일본이 한국의 기독교를 핍박하고 있다고 말하면서 일본이 제 아무리 한국 교회를 핍박해도 하나님의 섭리에 따라 세우셨기 때문에 일본이 세상적 정사와 권세로 교회를 타파하려 해도 소용없는 일임을 역설한다.

책의 제1장에서 한국 교회를 핍박하는 일제의 잔악함이 세상에 알려지자 이를 두려워하여 한국 교회를 핍박하고 있으며, 제2장에서는 일본이 한국 교회 때문에 외교적으로 곤란을 겪고 있기에 한국교회를 핍박하는 이유라고 역설하고 있다. 그리고 제3장에서는 사람들의 정신을 깨우는 한국 교회가 일본의 식민지 정책에 방해가 되기에 핍박을 하는 이유를 10가지로 예를 들어 설명하고 있다. 제4장에서는 YMCA 운동에 입각하여 기독교 청년 활동이 민족의 희망임을 말하고, 제5장에서는 평북 선천 지역의 학교와 교회가 일제로부터 당하는 천인공노할 잔악함과 105인 사건이 얼마나 거짓된 일제의 날조였는가를 당시 국제 사회에 알림으로써 일본의 잔학함과 야욕을 폭로하고 있다.

이승만은 이 책에서 한국 교회 지도자들을 살인자로 몰아가는 것은 지금 미국 윌슨 대통령이 교장으로 있던 프린스턴 대학교 교사들과 학생들과 목사들이 합쳐서 사람을 죽이려고 음모하였다는 것과 같으니 누가 이들의 주장을 믿겠는가? 라며 당시 미국 신문에 기고하여 일본의 허구를 세상에 알렸다.

이승만 박사는 이 책의 서문에서 일본의 잘못함을 알리고자 함이 아니라 우리의 잘한 바를 알리고자 함이라고 쓰고 있다. 즉 이승만은 한국 기독교가 일제의 식민 정책에 큰 걸림돌이 될 만큼 성장한 것을 긍정적인 희망으로 보고 있었던 것이다.

실제로 일본은 1905년 을사조약 체결 이후 한국통감부를 설치하여 본격적으로 조선어 탄압 정책을 시작하였고 통감부는 내선일체라는 명분으로 그 전까지 선택 과목이었던 일본어 과목을 필수 과목으로 지정하고 명목상으로는 조선어와 일본어 수업 시간이 같았지만 조선어를 한문 과목과 묶어 국문 및 한문(國文及漢文)이라는 교과로 편성하여 실질적으로 조선어 교육 시간을 줄였다.

1910년 일제는 조선을 강제 합병한 후 점차 조선에서 일본어 교육을 실시해 나갔으며, 모든 민족적인 문화 활동을 금지하고 일본어 교육을 강요함을 통하여 민족성을 말살하려고 획책했다. 이러한 탄압은 1937년 중일 전쟁 이후에 더욱 강화되어, 1938년 이후 '일본어 상용화 정책'을 실시하여 부분적으로 시행되던 조선어 교육을 폐지하고, 일본어의 사용을 강제하여 조선어의 말살을 꾀하였다. 이와 함께 동아일보, 조선일보 등 한글로 발간되는 신문과 《문장》 등의 한글로 된 잡지를 전면 폐간시켰으며, 1942년 10월에 조선어학회 사건을 조작해 조선어학회 간부들을 모두 잡아들였다.

특히 일선동조론을 통해 일본과 조선 민족이 본래 같다는 논리로 조선 고유의 민족성을 부정한 것 역시 내선일체와 맥락을 같이 하였다. 이외에 조선인들의 이름을 일본식 성명으로 변경시킨 창씨개명, 일본 천황에 대한 숭배를 강요한 황민화 정책 역시 내선일체의 구호 아래 행해진 일체화 정책이었다.

이렇게 가혹한 한국 민족 말살 정책에도 불구하고 일본은 교회에서 한국어 사용을 금지하지 못하였다. 그 이유는 기독교를 기본 정신으로 삼고 있는 유럽과 미국의 환심을 사기 위해서는 기독교를 핍박하는 양상이 해외에 퍼지게 되는 것을 두려워하였기 때문이었다. 일본이 한국 교회를 핍박하는 상황을 저술한 이 책에서 이승만은 자신이 목격한 것들과, 미국 각 신문에 보도된 자료들, 미국 각 교회에서 대표들을 파송하여 직접 보고된 내용들, 각 교회들의 월간 잡지들과 미국의 선교회에서 발간한 글들을 일목요연하게 엮어 기술하였다.

일제의 억압에 눌린 한국 교회의 실상과 극복을 위한 희망의 메시지를 담은 이 글들은 한국 교회 핍박과 일본의 악랄한 침략성을 설득력 있게 전 세계에 알리는데 큰 역할을 하게 되었고 세계의 여론을 의식한 일본은 학교와 사회에서는 한국어 사용을 금지할 수 있었지만 교회에서 한국어로 이루어지는 예배와 성경 공부와 한글 공부를 막을 길이 없게 되었다. 이후 교회는 한글 보급의 창구 역할을 하게 되어 한글의 보편화에 일익을 담당하게 되었다.

이승만은 YMCA 학감으로 열정적으로 젊은이들을 교화시키며 105인 사건 이후 망명 전까지인 약 1년 3개월 동안 전국 팔도강산을 두 번이나 돌면서 전도 여행을 할 만큼 열심이었고 기독교의 영성과 정신으로 국가를 세우겠다는 결심이 결실을 맺어 기독입국론으로 나타나게 된다. 이승만 학감은 기독교 신앙으로 민족을 일깨워야 한다는 일념으로 덜컹거리는 소달구지와 자전거를 타고 때로는 뗏목을 타고 복음을 전하러 전국을 순회하며 다녔다. 이때 학생들에게 서양 문화와 발달된 문물을 가르치면서 "굉장하지!"라고 감탄한 것을 학생들이 따라하며 붙은 별명이 "굉장 선생"이었다.

일제는 이런 이승만을 기독교의 거대한 괴수로 보고 현상금 30만 달러를 붙여 체포에 나섰고 미국 정부에까지 그의 체포 협조를 당부하기도 했다.

『한국 교회 핍박』에서 이승만은 한국 교회가 독립운동의 뿌리이고 근대사의 주역이고 대한민국 건국의 주체임을 밝히고 있다. 한국 교회 핍박의 결론은 오히려 한국 교회를 더욱 공고케 할 따름이니 이는 대한민국이 하나님의 섭리에 따라 세워진 국가라는 사실을 역설하고 있다.

이후 다시 미국으로 돌아온 이승만은 이후 하와이를 외교 독립의 거점으로 삼아 25년간 자신이 한성 감옥에서 집필했던 『독립정신』에 의거하여 4500여 명의 하와이 한인 이민자들을 상대로 각 지역에 교회를 개척하고, 미국 교육의 학제에 맞춰 학교를 설립하여 한인 이민자들에게 교육의 이상을 펼쳐 이들이 앞으로 한국의 독립을 이끌어갈 시민으로 육성하였다. 이승만의 계획은 하와이를 통하여 앞으로 다가올 독립 후의 국가의 면모를 계획하고 실천하는 장으로 활용하였다고 볼 수 있다.

특히 1913년 2월 3일 하와이에 당도한 이승만이 한인들에게 점진적이고 지속적인 독립운동을 모색할 방안으로 1913년 9월 1일 월간 국문 잡지인 「태평양 잡지」를 발간하여 정치·종교·교육·과학·문학 등을 망라한 종합적인 성격으로 발간하였으나 자금 부족으로 잦은 휴간을 반복하였다. 1930년 12월 말 발간의 당위성과 확장의 필요성을 느낀 이승만과 동지회에 의해 「태평양 주보」로 변경되어 오히려 더 확장하여 발행되었다. 이승만은 이 잡지를 통하여 하와이뿐만 아니라 미국 본토와 극동과 유럽 등 한인이 있는 곳이라면 배포하여 한국의 독립 상황과 세계 정치 등을 알려 한국인들의 생각을 하나로 집중시키려는 의도와 국제 사회에 한국이 죽지 않고 아직 존재하고 있음을 알리기 위하여 노력하였다. 그의 외교의 대의명분은 한국의 독립은 일본의 세계 정복의 야욕을 막는 것이고 동북아의 평화에 기여하겠다는 것이었기 때문이었다.

1918년 제1차 세계 대전이 끝나고 미국의 윌슨(Thomas Woodrow Wilson) 대통령은 '민족자결주의'를 주창하면서 국제 연맹(The League of Nations)을 구상하였고, 이승만은 한국을 국제 연맹의 위임 통치하에 둘 것을 요청하는 청원서를 1919년 2월 25일 윌슨 대통령에게 제출하여 장차 완전한 독립을 준다는 보장하에서 국제 연맹의 위임 통치를 받는 것이 일본의 식민 통치의 마수로부터 벗어날 수 있는 길이라고 주장하였다. 그러나 일본이 승전국이었던 상황이었기 때문에 한국 문제는 국제 연맹의 고려 대상이 되지 못하였다.

이승만은 1919년 3·1운동 직후 노령(露領) 임시 정부(1919년 3월 21일 수립)에 의해 국무부급 외무총장으로 임명되었고, 같은 해 4월 10일 구성된 상해 임시 정부에서는 국무총리로, 4월 23일 선포된 한성 임시 정부에서는 집정관총재(執政官總裁)에 임명되었다. 1919년 6월에는 대한민국 대통령의 명의로 각국 지도자들에게 편지를 보내는 한편 워싱턴에 구미위원부를 설치하였다.

임시 정부 규정에 없는 대통령 직책을 사용한 것에 대해 안창호와 갈등을 빚었지만, 상해 임시 정부 의정원은 1919년 9

월 6일 이승만을 임시 대통령으로 추대하여 1920년 12월부터 약 6개월 동안 상해에서 대한민국 임시 정부 대통령직을 수행하였다. 이승만의 임시 정부의 직책에 관하여는 그의 직책이 높으면 높을 수록 국제 외교가에서의 위상을 고려해야 했음을 인정해야 한다. 그는 1921년 5월 워싱턴에서 개최될 군축 회의(The Washington Disarmament Conference)에 참석을 목적으로 상해에서 미국으로 돌아왔다. 이승만은 워싱턴에서 대한민국 임시 정부 전권 대사로서 한국의 독립 문제를 군축 회의 의제로 상정시키고자 하였지만 뜻을 이루지 못하였고, 1922년 9월 하와이로 돌아와 교육과 종교 활동에 전념하던 그는 1924년 11월 호놀룰루에서 조직된 대한인동지회 종신 총재에 취임하였다.

1925년 3월 11일 임시 정부 의정원은 이승만을 탄핵해 대통령직을 박탈하였다. 임시 정부 인사들은 이승만이 주장한 국제 연맹 위임 통치안을 미국에 의한 위임 통치로 오해하여 강하게 비판하였다. 그가 상해 임시 정부에서 직접 직책을 수행하지 않았다는 사실과 함께 임시 정부 의정원의 결의를 무시하였다는 것도 주요한 이유였다. 조소앙은 이 탄핵안을 반대하였지만, 대다수 임시 정부 요인들이 주도한 탄핵안은 통과되었다. 의정원의 폐지령에도 불구하고 구미위원부의 활동은 1929년까지 계속되었고, 이승만은 여기에서 외교 활동을 계속하였다. 이후 대한민국 정부에서 주요한 역할을 하게 되는 조병옥, 허정, 장택상 등이 당시 구미위원부의 활동을 도왔던 유학생들이었다.

구미위원부에서 활동하면서 임시 정부의 재정을 도맡았던 이승만은 1932년 11월 국제 연맹에 한국의 독립을 탄원할 임무를 받고 전권 대사에 임명되었다. 그래서 1933년 1월과 2월 제네바에서 열린 국제 연맹 회의에서 한국의 독립을 청원하기 위한 활동을 전개하였다. 이때 제네바의 호텔 드뤼시에서 오스트리아인 프란체스카 도너(Francesca Donner)를 만났고, 1934년 10월 뉴욕에서 결혼하였다.

국제 연맹에서의 활동을 인정받아 1933년 11월 이승만은 임시 정부 국무위원에 선출되었고, 1934년에는 외무위원회 외교위원, 1940년 주미외교위원부 위원장으로 임명되었다. 같은 해 곧 다가올 태평양 전쟁을 예상한 『일본 내막기』(Japan Inside Out)를 출간하였다.

1941년 태평양 전쟁이 발발한 후 이승만은 승전국의 지위를 얻기 위해 미국 정부에 임시 정부를 한국의 대표로 승인해줄 것을 여러 차례 요청하였다. 그리고 미국 정부에 로비를 하기 위해 한미협회(The Korean-American Council)를 조직하였다. 그러나 재미 동포 단체들의 분열로 인해 미국 정부는 1945년 태평양 전쟁이 끝날 때까지 임시 정부를 승인하지 않았다.

1942년 8월 29일부터 미국의 소리(Voice Of America) 방송에서 일본의 패망과 독립운동의 필요성을 강조하는 방송을 시작하였고, 같은 해 9월에는 미국 전략국(Office of Strategic Services)과 연락해 임시 정부의 광복군이 미군과 함께 작전을 수행할 수 있도록 연결하는 활동을 하였다. 또한 태평양 전쟁 시기 미국과 소련이 얄타 회담에서 한반도 문제에 대해 합의한 후에는 소련을 비판하는 성명을 발표하였다.

바) 이승만의 외교 활동

이승만의 외교 독립론의 '외교 활동'의 주요 대상은 1차 세계 대전 이후 세계 패권국으로 서서히 등장하는 미국으로, 이승만의 대미 외교는 미국 의회 및 행정부를 대상으로 한 청원 외교, 일반 시민 및 여론을 대상으로 한 여론 선전 및 호소로 이루어졌다. 그리고 세계 지도자들이 모여 국제 정세를 논의하는 회담에는 참여하든지 참석이 불가피하면 편지를 보내 대한민국의 독립을 의제로 채택해 줄 것을 건의하였다. 이승만은 다음과 같은 회담에 관여하였다.

파리 강화 회의 : 이 회의는 제1차 세계 대전 이후 연합국이 패배한 동맹국과 관련하여 평화를 보장하기 위해 1919년 1월 18일 파리에서 열린 회담이었다. 32개국에서 온 정치가들과 민족주의 세력이 참여한 가운데 국제 연맹 창립과 같은 중요 결정을 비롯하여 패배한 5개국과의 조약 체결, 그리고 오스만 제국과 독일 제국의 해외 영토를 영국과 프랑스가 위임 통치하는 국제 연맹 위임 통치령 수립, 독일에 대한 보복, 그리고 민족 경계를 반영한 국경 재수립 등이 이 회담에서 논의되었다.

임시 정부는 신한청년당 대표인 김규식을 한국 민족 대표자로 파견하였다. 김규식은 1919년 3월 13일 목적지인 프랑스 파리시에 도착하여 중앙 샤토 당거리 38번지의 집을 세내어 평화 회의 한국민대표관(韓國民代表館)을 설치하고 한국 독립에 관한 청원서를 강화 회의에 제출하였다. 그러나 프랑스 당국은 김규식이 정당 대표 자격임을 문제삼아 '정부 대표가 아니면 참여할 수 없다'며 김규식과 한국 대표단을 문전박대했다. 이에 김규식은 상해로 전보를 보내 자신에게 정당 대표가 아닌 정부 대표로서 자격을 부여해 달라고 요청했다. 1919년 4월 11일, 상해 임시 정부가 수립되자 임시 정부는 김규식

을 '평화 회의 대한민국위원 겸 파리위원'의 정위원으로, 이관
용을 부위원으로 임명하였다.

　김규식은 뒤이어 대표단에 합류한 미국인 호머 헐버트, 이
관용, 김복, 황기환, 조용은, 여운홍 등의 도움을 받으며 1919
년 5월 10일 '한국독립 항고서(抗告書)'를 강화 회의에 제출하
였다. 또한 대표단은 '한국 독립과 평화'라는 책자를 비롯하여
다수의 독립운동 홍보 문서를 작성하여 각국 대표들 및 언론
인들에게 배포하여 한국인의 독립 열망을 전 세계에 널리 알
렸다.

　한편, 상해에 있던 신한청년당뿐만 아니라 다른 지역에서
도 파리 강화 회의에 대표를 파견하려고 하였다. 러시아 연해
주에서는 윤해(尹海)와 고창일(高昌一)이 파리 강화 회의에 파
견되었다. 미주에서는 이승만, 정한경(鄭翰景), 민찬호(閔燦鎬)
가 대표로 선출되었다. 국내에서도 유림을 중심으로 파리 강
화 회의에 '독립청원서'를 보내려는 움직임이 있었다. 이것을
'파리 장서 사건' 혹은 '파리 장서 운동'이라고 한다.

　하지만 제1차 세계 대전의 승전국이었던 일본은 자신들의
최대 식민지였던 한국을 포기하지 않았다. 또한 미국은 러시
아에서 일어난 혁명의 결과가 동아시아로 확산되는 것을 막
고, 파리 강화 회의를 순조롭게 끝내기 위해서는 일본의 협조

가 필요하였다. 파리 강화 회의에 참석하기 위한 이승만의 여권 발급 신청을 거절한 미국 정부의 태도는 이러한 상황을 알 수 있는 대표적인 예이다. 당시 파리에 있으면서 이승만의 여권 발급 요청 소식을 들은 미국 대통령 윌슨은 "이 박사(이승만)가 파리에 오는 것은 유감"이라고 하였다. 최종적으로 미국 국무장관 폴크(Frank L. Polk)는 이승만에게 여권 발급이 불가함을 알렸다.

이러한 국제 관계 속에서 파리 강화 회의에 참여하여 독립을 청원한다는 한국 독립운동가들의 시도는 좌절될 수밖에 없었다.

카이로 회담 : 1943년 11월 22일-26일 카이로에서 미국의 루스벨트, 영국의 처칠, 중화민국의 장제스, 세 연합국 수뇌가 모여 제2차 세계 대전에서 일본에 대한 연합국의 대응과 아시아의 전후 처리 문제에 관해 협의하기 위한 회담으로 이 회담에서 연합국은 승전하더라도 자국(自國)의 영토 확장을 도모하지 않을 것이며, 일본이 제1차 세계 대전 후 타국으로부터 약탈한 영토를 반환할 것을 요구했다. 특히 한국에 대해서는 앞으로 자유 독립 국가로 승인할 결의를 하여 처음으로 한국의 독립이 국제적으로 보장을 받았다. 카이로 선언의 조항

은 포츠담 선언에서 재확인됐다. 이승만은 카이로 선언에서의 이 '적절한 시기' 문구에 대해 영미국의 친소적인 노선으로 인해 한국 임시 정부를 바로 승인하여 즉각적인 독립이 이루어지지 못하고 결국 소련이 대일 전쟁에 참가하게 됨에 따라 38선으로 분단되었다고 비판하였다. 아래는 1945년 샌프란시스코 국제 연합 창립총회에 이승만이 보낸 성명이다.

테헤란 회담 : 1943년 12월 제2차 세계 대전 중 이란의 수도인 테헤란에서 개최한 프랭클린 D. 루스벨트·윈스턴 처칠·이오시프 스탈린의 3인 거두회담(巨頭會談)을 말한다. 이 회담으로 연합국 측의 전쟁 협력은 한층 더 강화되었다. 연합국이 승리한다는 확신을 가지게 되자 전쟁 처리와 전후 문제가 연합국 측의 과제로 되어 9회에 이르는 연합국 회의가 열렸다. 1943년 10월에 미국·영국·소련의 회의가 모스크바에서 열렸고, 이어서 동년 12월에 3거두의 테헤란 회담으로 진전하였다. 그 결과 3국의 협력과 전쟁 수행 선언, 동부 전선에서 소련의 반격에 호응한 제2전선의 결성 등이 약속되었다.

얄타 회담 : 1945년 2월 4일부터 2월 11일까지 소련 흑해 연안에 있는 크림반도의 얄타에서 미국·영국·소련의 수뇌자들이 모여 나치 독일의 제2차 세계 대전의 패전과 그 관리에 대

하여 의견을 나눈 회담이다. 1945년 7월 17일부터 8월 2일까지 독일 포츠담에 있는 빌헬름 폰 프로이센 황태자의 집이었던 체칠리엔호프 궁에서 개최되어 소련의 스탈린 서기장, 영국의 총리 클레멘트 애틀리와 미국의 해리 S. 트루먼 대통령 등이 각국의 대표로 참여하여 제2차 세계 대전에서 패배하고 5월 8일(유럽 전승기념일)에 항복한 나치 독일을 어떻게 통치할 것인지를 논의한 포츠담 회담 등 이승만은 국제 회의가 열리는 곳마다 편지나 성명서를 보내 한국의 독립을 약속받거나 임시 정부의 승인을 요구하였다.

사) 카이로 선언에 대한 이승만의 성명서

"나는 조셉 스탈린이 실제 참석하지 않았더라도 카이로 회담에서 보이지 않는 그의 힘이 작용하고 있었던 일을 알고 있습니다. 태평양 방면에 대한 소련의 야망은 전면적인 고려를 받고 있습니다. 나는 또한 영국이 동양에 있어서의 권익과 현상 유지를 위하여 최고의 노력을 하고 있음을 알고 있으며 1941년의 버마 로드(Burma Road) 폐쇄를 인도한 영국의 편의주의와 타협 정신이 극동 아시아에 관해서도 같은 가혹한 정책을 취하게 하는 것이 아닌지 걱정되는 바입니다.

나는 미국 국무성의 문이 나의 임시 정부 승인의 호소에 대하여 카이로 회담 이전과 같이 굳게 닫혀 있음을 알고 있습니다. 우리 나라가 유엔의 회원 국가가 되고 무기대여법이 적용될 가치가 있는 동맹 국가로서 인정받기 위하여 반복된 시도는 조금도 주목되지 않았습니다. 우리의 문제를 차후 결정에 맡기기 위하여 카이로 회담이 고의로 애매한 표현을 사용한 것과 이 애매한 표현의 주요 이유가 아시아에서 소련의 입장이 결정되지 않았던 것도 명백합니다.

나는 아시아에 관하여서는 물론 유럽에 대해서도 그 국제 관계를 오랫동안 연구하여 왔습니다. 나의 유럽 여행은 유럽에서 발생한 사건이 의미하는 바에 대한 이해를 강하게 하였습니다. 동남부 유럽에서 활동하고 있는 게릴라는 명백히 공산 계열과 비공산 계열로 나누어져 있습니다. 루즈벨트 대통령과 처칠 수상이 유럽 대륙에 대한 상륙 작전을 세울 때에 발칸 반도를 경유하지 않기로 합의한 것은 동 지역을 소련 세력에 맡기기로 합의한 것을 뚜렷이 나타내는 것입니다.

그리스를 원조하려는 영국의 필사적 노력은 이와 같은 한정된 정책에 의한 것으로서 그리스 안에 친영 정부를 유지하고 지중해의 생명선을 확보하려는 영국의 다급한 필요성을 확실하게 의미하고 있습니다. 그러나 그 지역이나 그 외의 지역에 있어서 발생한 공산당 문제를 토의할 수는 없었으므로

— 소련의 감정을 해치지 않기 위하여 — 동남부 유럽 안전에 관한 정책을 세우는 것은 저해되었던 것입니다. 북유럽에 있어서 핀란드는 자기 나라의 독립을 유지하기 위하여 노력한 결과 독일과 협력하여 소련과 싸웠으므로 그 나라의 입장만 불리하게 하였습니다. 그리고 폴란드에서는 소련의 동부 폴란드 점령이 공산주의 확대 계획을 유리하게 하였습니다.

유럽에서 서서히 전개되고 있던 사태가 중국에서는 훨씬 공공연히 또한 현저하게 나타났습니다. 연합국은 중국의 국민정부가 공산주의자 — 정부에 대하여 공공연한 반감을 품으며 독립된 군대와 조직을 가지고 있는 — 에 대하여 대립적 행동을 중지하고 타협하에 제휴할 것을 주장하였습니다. 루스벨트 대통령이 결정한 추축국의 무조건 항복 정책은 명백히 소련의 제국주의적 행동에 대한 연합국의 묵인 정책과 병행하고 있었던 것입니다.

전쟁이 종말에 가까와졌을 때, 나는 한국 임시 정부의 승인만이 소련의 한국 약탈을 막을 수 있는 유일한 수단이라고 주장하였습니다. 한국 임시 정부는 너무나 오랫동안 한국을 떠나 있었으므로 한국 민족을 대표할 수 없었습니다. 종전 후 우리가 신정부를 수립하기 위하여 총선거를 실시할 수가 있을 때까지 기다리는 것이 좋다는 의견에 대하여 우리는 한국이 해방됨과 동시에 즉시로 연합국 감시 밑에서 총선거를 실시한다는 양해하에 가승인되는 것이라고 답하였습니다.

이와 같은 견해는 국무성과의 회담이나 신문 기자와의 회견 석상에서 또한 방송이나 잡지를 통하여 그리고 나와 친우들에 의하여 반복되었습니다. 그러나 정부 고위 당국이 이 견해를 고려하고 있는 기색이 없자 나는 부득이 루즈벨트 대통령과 처칠 수상은 한국이 형식적으로 정부를 가진다해도 사실상에 있어서는 소련의 지배하에 둘 것이라고 결정했다는 결론에 도달할 수밖에 없었습니다."

아) 이승만이 주장한 얄타 밀약설

이승만은 1945년 4월부터 열린 UN 창립총회에 참관인 자격으로라도 참석하여 한국의 독립 보장을 받으려 했으나, 중국은 물론 미국조차 극심하게 분열된 한인들의 대표성에 의문을 가졌기 때문에 결국 수포로 돌아갔다. 이에 임시 정부 구미위원부는 사무국과 각국 대표들에게 카이로 선언의 기본정신에 따라 임시 정부를 즉각 승인할 것을 요청하는 진정서를 보냈으나 이 또한 소용이 없었다.

이에 격분한 이승만은 에밀 구베로(Emile Gouvereau)라는 공산주의에서 전향한 소련인 내부자가 제공한 첩보에 기반하여 '얄타 회담에서 전후 한반도를 소련의 영향력하에 두기로 했다'는 미국·영국·소련 3국 간의 이른바 얄타 밀약설을 주장하였고 이것은 당시 국제 여론에 엄청난 파장을 일으켰다.

에밀 구베로라는 인물이 제공한 내용은 다음과 같았다.

"한국을 태평양 전쟁 후까지 소련의 세력하에 두되 이 전쟁이 끝날 때까지 미·영 양국은 한국 독립에 대해 아무 공약도 하지 않기로 약속되어 있다. 미국이 소련의 요구에 제한을 가할 것을 결정짓지 않는다면 한국의 운명은 명백히 소련의 지배를 받게 될 것이다. 스태디니어스 미 국무장관은 오히려 연립정부안에 대해 반대 의사를 표명한 한국 대표들의 배후 관계를 조사하기 위해 분망하고 있다."

이 폭로 이후 세계 언론과 미국과 영국 정계에서는 이 문제가 새로운 파문으로 등장하였다. 보도 기관이 이 사실을 반복하여 기사화하자 결국 영국 하원이 이 문제를 추궁하기에 이르렀다. 그 사실 여부를 따지는 한 의원의 질문에 대해 처칠 수상은 얄타에서 비밀 협정은 없었고 많은 문제가 토의되긴 했으나 모두가 일반적인 것뿐이었다고 애매모호하게 답변하였다. 또한 이승만은 한국이 가쓰라-태프트 밀약에 이어 또다시 비밀 협약의 희생물이 되지 않아야 한다고 생각했기 때문에 이를 강력히 반대하고 나섰다.

1945년 5월 14일, 이승만은 미 상원의원 오웬 브루스터, 월터 F. 조지와 미 하원의원 클레어 E. 호프만에게 다음과 같은 전문(電文)을 보냈다.

"나는 귀하가 친우가 한 조언에 의하여 귀하에게 다음과 같은 정보를 보내니 용기있는 정치가가 이 사실을 미국 국민에게 폭로할 것을 호소합니다. 트루먼 대통령이 한국을 소련의 지배에 맡긴다는 비밀 협정에 관하여 보고를 받았다는 것은 얄타 협정에 관한 정보의 근거로 보아 확실합니다. 이 비밀 협정은 미·영·소에 의하여 서명되고 대일 전쟁이 종결할 때까지 한국을 소련에게 맡기고 미·영 양국은 한국 독립에 대한 공약을 하지 않는다고 선언한 것입니다. 나는 우리 나라에 자유를 약속한 카이로 선언과 대조될 수 있는 이 협정의 중요성에 대하여 귀하의 관심을 환기시키는 바입니다. 이 비밀 협정이야말로 우리나라가 샌프란시스코에서 열리는 국제 연합의 일원이 되는 것을 방해하고 있습니다. 이와 같이 폭로한 사실은 소련이 극동에 있어서 민주주의를 원하지 않는 것을 여실히 나타내는 것입니다. 미국이 소련의 요구에 제한을 가하지 않는 한, 소련의 정책은 한국의 운명을 종식시킬 것입니다. 스터티니어스 국무장관은 이와 같이 버림받은 한국 문제의 토의를 거부하고 배후 조사를 위한 시간만을 요구하였습니다. 트루먼 대통령은 당초 이 협정에 대하여 아는 바가 없었습니다. 이 문제에 관해서 대통령은 백악관을 통하여 겨우 사실을 알았고 자유를 사랑하는 미국민은 한국이 국제 연합 총회에 참석할 수 있도록 조정하여야 한다고 권고 받고 있습니다. 현재 한국의 자유를 수호하기 위해서는 일순, 일각도 소홀히 할 수 없으며 이와 같은 과오를 바로잡기 위하여 힘을 다할 것을 미국민의 정의감에 호소하는 바입니다."

또한 이승만은 신문 기자들을 모아 이 '내밀한 약속'을 공공연하게 비난하였다. 당시 유엔에 관한 뉴스가 적었으므로 기자들은 이것을 대대적으로 보도하였고, 그에 대하여 국무성은 정식으로 부인하는 성명을 발표하였으나 계속하여 반복되는 비난으로 인해 백악관에서도 성명서를 발표했다.

설령 이승만의 폭로 근거가 빈약하더라도 그는 이 효과를 통해 최소한 강대국들이 자기들 맘대로 카드 게임하듯 하는 것에 브레이크를 걸어보려고 최대한 시끄럽게 이슈화 시켜 볼 작정이었던 것이다. 이처럼 이 당시 이승만은 또 미국이 소련과 뒷거래로 한국을 소련 치하에 넘기는 것을 가장 크게 우려하였다. 왜냐하면 공산 국가와 국가적 합의를 한다는 것 자체가 얼마나 힘들고 어려운지를 알고 있었기 때문이다.

1940년대 들어 미국과 일본 사이에 전운이 감돌자 다시 전면에 나설 기회를 잡았다. 1941년 이승만은 임시 정부와의 관계를 복원, 대미 외교를 위한 주미외교위원부를 설립하고 그 위원장이 되었다. 태평양 전쟁 발발 후 이승만은 주미외교위원부를 통해 임시 정부를 한국의 정식 정부로 승인해줄 것을 여러 차례 요청했으나, 이미 내부적으로 전후 한국에 대해 신탁통치 실시를 구상 중이었던 미국은 이 요청을 거부했다. 이승만은 또한 1942년부터는 미국의 소리(Voice of America) 방송을 통해 항일 운동을 독려하는 라디오 단파 방송을 하기도 했다.

이승만이 자국의 이익을 위하여 약소국을 식민지화하는 착취와 지배 야욕의 수렁에 빠져 있는 국제 사회를 향한 저항 정신이 없었다면 조선이라는 나라는 봉건주의 나라에서 근대 국가로 발전하지 못하고 지구상에서 사라진 역사 속의 나라로 남아 있을 것이다.

『국가의 죽음』이라는 책으로 유명한 미국의 여성 국제정치

학자 타니샤 파잘(Tanisha Fazal)은 1815년부터 1965년까지 150년간 세계에는 207개의 나라가 존재했었는데 2000년 당시 207개 국가 중에서 3분의 1인 66개 국가가 없어져버렸다는 사실을 알아냈다. 사라진 나라 66개국 중 75%에 해당하는 50개 국가는 가까운 이웃 나라의 폭력에 의해 죽었다는 사실을 밝혀낸 것이다. 국제 정치의 역사가 정글의 양육강식의 논리에 지배되고 있다는 사실을 그대로 증명한 셈이다. 죽은 나라들은 우리가 생각하는대로 못된 나라가 아니었다. 다만 약한 나라였을 뿐이다. 타니샤 파잘 교수의 죽은 나라 66개국의 목록에 조선도 들어가 있었다. 파잘 교수은 조선을 '1905년 일본에 의해 폭력적인 죽음을 당한 나라'라고 기록하고 있다. 이렇게 이웃 나라인 일본에 의해 죽은 나라를 다시 살려달라고 폭력적인 무력 투쟁보다는 대명분에 의한 설득과 호소로 외교독립론의 기치를 들고 국제적으로 활동했던 사람이 바로 이승만이었다.

3) Pioneer 정신(개척자)

미래는 거저 오는 것이 아니다. 창조적이고 도전적인 개척자적 정신을 가진 자들에게 미래는 다가온다. 미래는 서서 기다리는 시간이 아니다. 막연히 기다리는 자에게는 미래는 없다. 미래는 창조적 정신을 가지고 준비하는 자에게 열리는 시간이다.

　중세 이후 대양의 시대가 열리자 많은 개척자들이 미래를 향해 달려 나가기 시작하였다. 콜럼버스는 유럽인으로서는 신대륙의 서인도 제도를 처음 발견하였고, 아문센은 남극을 개척하였고, 힐러리 경은 최초로 히말라야의 최고봉을 밟은 사람이다. 개척자들은 가지 말라는 곳을 더 가고 싶어 하고, 하지 말라는 것을 더 하고 싶은 호기심으로 인해 인류는 항상 미지의 세계를 탐험하려는 갈망을 가지고 살아왔다. 아직 알려지지 않은 미지의 세계를 자신의 눈으로 직접 확인해 보고 새로운 지식을 확장하기 위해, 그리고 새로운 가능성을 발견하기 위해 멀리 위험을 무릅쓰고 항해를 떠나는 것은 인류 역사에서 지금까지 계속되고 있고 인류는 이러한 탐험심으로 인해 새로운 영역을 개척해 나간 결과 현재는 이 지구가 좁다고 우주를 개척하는 시대에 이른 것이다.

　이러한 정신으로 프란시스 가르닌에는 동남아시아를 가로지르는 메콩 강 수로를 따라가기 위해 거의 미친 듯이 습한 무더위와 싸우며 먼 길을 나섰다. 에드워드 윌슨은 스콧과 남극 원정에 두 차례 도전한 끝에 성공했지만 아문센에게 선수를 빼앗기고 안타깝게도 귀환 중에 스콧과 함께 죽음을 맞았다. 나인 싱은 외부 사람들에게 입국이 금지된 티베트 땅의 지도를 작성하기 위해 한 걸음씩 발걸음을 세어가면서 히말라야의 끝없는 고도의 길을 걸었다. 유리 가가린은 인류 최초로 우주 캡슐을 타고 우주로 가장 멀리 도약한 사람일 것이다.

이들의 도전이 언제나 성공했던 것은 아니다. 과정에는 시련도 있었고, 세상의 관점에서 봤을 땐 결국 성공적인 결과를 얻지 못한 사람들도 많이 있다. 하지만 누구도 이들을 실패자라고 말하지 않는다. 비록 목적지까지 다다르지는 못했지만 그들이 간 곳까지는 길이 되어 누군가 다시 그 길에서부터 새롭게 시작할 것이기 때문이다. 그들이 여전히 많은 사람들의 가슴속에 감동을 줄 수 있는 건 그들의 죽음을 무릅 쓴 '도전 정신'이 있었기 때문이다. 탐험과 개척은 오래 전부터 시작되었고, 현재까지도 누군가에 의해 새로운 영역에서 계속되고 있다. 탐험을 통해 발견한 '미지의 세계'는 인류에게 경이로움과 다양성이라는 축복을 선물했다. 하지만 탐험가들의 순수한 열정과는 관계없이 사람의 손길이 닿은 지구는 수많은 병폐와 자연재해를 주기도 한다. 이런 이유로 어떤 사람들은 '탐험의 저주'라고도 한다. 그러나 인류가 추구하는 탐험과 개척 정신은 자신의 한계를 뛰어넘어 모든 인류에게 영감을 주려는 흔들리지 않는 용기의 소유자들이 계속해서 존재하는 한 세상은 새로운 미래를 향해 나갈 수 있는 것이다.

자연 과학은 눈에 보이는 것들을 관찰하고 실험하여 과학적 지식이 사실을 객관적으로 공표하여 사람들에게 피력하는데, 이는 지극히 일반적이며 객관적인 결과를 얻을 수 있다. 이에 반해 사회 과학은 눈에 보이지 않는 사회의 현상들을 연구하고 실천해야 그 결과를 알 수 있기 때문에 그만큼 어려움과 시행착오를 겪게 된다. 산업 혁명 이후 자본주의가 발달하고 이에 반발하여 칼 맑스에 의해 공산주의 사상이 대두되면서 자본가인 부르조와 계층과 노동자들을 대변하는 프롤레타리아의 갈등은 점차 사회를 혼란의 수렁으로 빠져들게 하는 아슬아슬한 불확실한 상황 속에서 19세기 말과 20세기 초, 인류가 자초한 1, 2차 세계 대전을 통해 엄청난 소용돌이 속으로 빠져드는 실험적 정치 공간이 만들어질 때 대다수가 원했던 공산주의로 가지 않고 자유 민주주의를 선택할 수 있었던 선지자적 혜안이 오늘날과 같은 현실의 세상을 만들어 낼 수 있었던 것은 하나님의 구속사적 역사는 선을 향해 달린다는 사실을 진리로 믿는 이승만의 소신 덕분이었다.

이런 극한 불확실한 세계 정세와 한 번도 경험해 보지 못한 국가 체제에 대한 결정권을 무지한 민중에게 선택하라고 맡

긴다면 과연 어떤 결과가 나오겠는가? 이런 상황에서도 1946
년 미군정에 의해 실시된 여론 조사에서 당시 국민 대다수
의 민중 사이에서는 사회주의라는 미지의 체제에 대한 호감
이 컸고 또한 이들 중에는 자본주의 경제 제도나 자유 민주주
의가 어떤 정치 제도인지도 사실 몰랐을 것이고, 힘들었던 일
제로부터 광복한 직후였기 때문에 '다 같이 잘사는 것은 좋은
것'이라는 소박하지만 안이한 생각이 지배했고, 사회주의는
스탈린식 사회주의나 공산주의를 의미하는 것이 아니라 독
립운동에 크게 공헌했던 주체로서, 중도적 이미지로서의 사
회주의를 신봉하는 사람들도 많았을 시대에 자본주의를 기
반으로 하는 자유 민주주의 체제를 이해는 사람이 별로 없었
을 시대였음에도 불구하고 무지한 민중의 의도대로 하지 않
고 자신의 확고한 신념으로 자유 민주주의 국가를 세운 이승
만의 탁월한 혜안을 이해하려고 노력하는 것이 현재 대한민
국을 이해하는데 크게 도움이 될 것이다. 그런데 이승만 건국
대통령의 이러한 혜안을 무지몽매한 사람들은 신념으로 존
중하지 않고 고집불통이라는 프레임으로 폄하하는 것이 안
타깝기 그지없을 뿐이다.

　19세기 초반부터 일어나기 시작한 산업 혁명은 노동 조건
의 변화와 광범한 노동자 계급을 형성하여 자본주의에 내재

하는 노동자와 자본가의 대립의 해결을 요청하는 노동 운동을 일으켰다. 영국의 차티스트 운동이 절정에 달했던 것도, 마르크스의 '공산당 선언'이 발표된 것도 2월 혁명이 발발한 1848년이었다. 이렇게 19세기 중엽에 이르면 산업화에 따르는 현실적 문제에 직면하게 되면서 낭만주의는 지도성을 잃고 차츰 대두하는 현실주의에 자리를 양보하게 된다. 그러나 현실주의는 아직 본격적인 힘을 발휘할 단계에까지 이르지는 못하였다. 현실주의가 시대적 사조가 된 것은 과학이 생산 기술에 직접 결합하는 19세기 후반부터다. 19세기 중엽에 있어서는 과학이 아직 생산 기술에 직결되어 있지 않았고, 과학은 과학대로 독자적 영역에서 고립되어 있었다. 과학 사상도 아직 운동이나 진화의 개념이 들어와 있지 않고 18세기적인 법칙적 과학 사상에 머물러 있었다. 찰스 다윈의 '종의 기원'이 발표된 것은 1859년이었다.

과학과 생산 기술의 결합이 아직 이루어지지 않았기 때문에 대량 생산도 가능하지 않았다. 따라서 기업 활동이 제국주의적 충격을 받기에 이르지 못하였으므로, 유럽 이외의 아시아와 아프리카에서는 전통적인 전근대적 사회 질서에 머물러 있었다. 프랑스가 1830년에 북아프리카의 알제리를 점령하고, 영국이 중국에서 아편 전쟁을 일으켰으나, 이러한 사건들은 제국주의적 성격이라기보다는 아직도 중상주의적 성격의 것이었다. 유럽에서 가까운 아프리카의 검은 대륙도 역사와 문화의 전통이 장구한 지중해 남안(南岸)의 이슬람 지역을 제외하고는 서구의 침략 손길이 아직 닿지 않은 원시 대륙으로 방치되어 있었다.

19세기 말 서세동점이라는 구미 세력의 동양 진출로 인해 국내에서도 근대 사조가 대두하기 시작하였다. 개화와 척사 등 근대 문물의 수용 문제를 둘러싸고 신구 사상의 대립은 날로 날카로워지고 국론은 사분오열로 갈라져 개항과 개화 등 여러 현상이 분화 변혁하고 근대화의 시도, 외세 침략과 저항 운동, 민권 운동과 계몽 운동, 민족 경제 발전의 저해, 주권 상실과 회복 운동 등 너무나 벅찬 일들이 근대 문물에 대하여 경험이 없고 또 알지 못하는 가운데 조선 말기의 조야를 소용돌이의 격동의 시대로 밀어 넣고 말았다.

이러한 와중에서도 어느 것 하나 분명치 않은 상황 속에서 국가를 새로운 기틀로 만들어야 한다는 생각과 계획을 실천할 수 있었던 또 다른 창조적 소수자들을 이끌어 낼 수 있었던 기반은 바로 기독교 정신 중의 하나인 개척자 정신(Pioneer)이었다고 말할 수 있다. 특히 기독교는 역사 이래로 하나님의 사람들로 인한 선구자들의 개척의 역사이다. 선구자는 맨 선봉에서 가보지 않은 길을 열어가는 사람이다. 개척자라는 선구자들에게는 언제나 새로운 미지에 대한 두려움과 모험이 따르지만 그들은 남이 닦아 놓은 길보다는 아무도 가보지 않은 새 길을 열어 가는 사람들이다. 예수님이 죄악으로 가득 찬 어두운 이 세상에 보내져 하나님의 나라를 세워가는 개척자였던 것처럼 하나님의 사람들은 어둠이 가득 찬 세상으로 나아가 복음의 빛으로 어둠을 밝히는 개척자들이었다.

가) 대륙에서 해양으로의 사고 전환

이승만이 가진 개척자 정신은 정의가 승리한다는 하나님의 역사하심을 믿고 새로운 나라를 개척하는데 최상의 힘과 비전과 용기를 갖게 만들었을 것이다. 아펜젤러 선교사에 의해 설립된 배재 학당이 이런 장을 만드는 첫 문을 열게 된 것이다. 배재 학당이란 이름은 고종에 의해 하사되었는데 그 뜻이 배양영재(培養英材)로 영재를 키워낸다는 의미이다. 이승만은 이곳에서 오천년의 쾌묵은 대륙적 사고를 버리고 해양을 지향하는 세상의 첫 눈을 뜨게 된다.

외국인 선교사가 우리나라에 세운 최초의 학교인 배재 학당은 기독교인 양성과 근대 국가의 인재를 길러내는 목적으로 설립되었다. 그 당시 사람들에게 전혀 생소한 성경, 영어,

천문, 지리, 생리, 수학 등 서양식 교과목을 서양식 교육 방식으로 가르쳤다. 서양식 운동인 야구, 축구, 정구, 농구 등을 소개하고 토론회, 연설회 등도 장려하였다. 한글 활자로 성경을 인쇄하고, 배재 학당 협성회보, 〈매일신문〉, 『천로역정』도 간행하였다. 구한말 교육 구국 운동, 일제 강점기 민족 운동을 하였던 교육 기관으로 발전하였다.

학교에 학훈이 있듯이 배재 학당의 학당훈(學堂訓)은 성경의 말씀으로 시작되는데 '욕위대자당위인역(欲爲大者當爲人役)', 즉 크게 되려는 사람은 마땅히 남에게 봉사하는 사람이 되어야 한다는 성경의 말씀으로 "너희 중에 누구든지 크고자 하는 자는 너희를 섬기는 자가 되고, 너희 중에 누구든지 으뜸이 되고자 하는 자는 너희 종이 되어야 하리라.", "인자가 온 것은 섬김을 받으려 함이 아니라, 도리어 섬기려 하고 자기 목숨을 많은 사람의 대속물로 주려 함이니라."(마 20:26-28)라는 예수님의 교훈에서 가져다 사용하였다. 그 후 이 당훈은 배재의 정신이요, 교육의 목표이며, 실천 생활의 기준이 되었다.

애초에 조선에 대학(college)을 세울 뜻을 가졌던 아펜젤러는 배재 학당의 학제 및 커리큘럼을 대학에 맞게 계획하였다. 이는 후에 이승만이 미국에 밀사로 갔다가 조지 워싱턴대학교에 편입하는데 큰 도움이 된다. 아펜젤러는 모교인 프랭클린

마샬대학(Franklin and Marshall College)의 학제를 참고하여 영어와 인문학을 가르치는 영어부(英語部, English Department), 한자와 중국 고전을 가르치는 한문부(漢語部, Chinese Department), 인쇄소와 목공소를 통해 공업 교육과 노동 교육을 실시하는 실업부(實業部, Industrial Department), 그리고 종교와 신학 교육을 위한 신학부(神學部, Theological Department) 등을 설치하고자 했다. 이 중 종교 교육은 조선 정부에서 공식적으로 금지하고 있었으므로 한동안 시행하지 못하다가, 1893년 이후 영어 및 한문을 가르치는 교양학부(academic department)와 성경 및 기독교 교리를 가르치는 신학부(theological department)로 학제를 개편하면서 정규 대학 체제를 갖출 수 있었다. 1895년에는 학제가 또다시 개편되어 신학부는 북감리회 한국선교회 산하의 사업으로 넘어가고, 영어부와 한문부, 그리고 실업부의 세 가지 주요 부서를 중심으로 수업이 진행되었다.

나) 스승 서재필과 이승만의 다른 듯 비슷한 생애

이 시기 배재 학당의 교육에서 중요한 역할을 맡은 사람이 바로 서재필(徐載弼)이었다. 1895년 말에 미국 시민권과 의사 자격증을 취득하여 귀국한 서재필 박사가 1896년 5월부터 매주 목요일 배재 학당에서 실시하는 세계 지리, 역사 및 정치학, 의사 진행법 등에 관한 특강은 배재에서 공부를 시작한 이승만에게는 커다란 충격 그 자체였다. 독립협회(獨立協會)를 창설한 서재필은 배재 학당이 한말 애국 계몽 운동과 밀접한 관계를 맺는데 지대한 영향을 끼쳤다. 서재필은 1896년 11월 7일 배재 학당 학생들로 하여금 협성회(協成會)를 조직하는 데 일조하였다. 협성회는 한국 최초의 토론 모임이자 학생 자치 단체이기도 했다. 창립 당시의 협성회 임원으로는 회장에 양홍묵(梁弘默), 부회장에 노병선(盧炳善), 서기에 이승만과 김연근(金淵根), 회계에 윤창렬(尹昌烈)과 김혁수(金赫洙), 사찰(査察)에 이익채(李益采)와 임인호(任寅鎬), 사적(司籍)에 주상호(周相鎬, 주시경) 등이 선출되었는데 회장과 사찰은 교사, 나머지 임원들은 학생들로 조직되었다. 회원들은 매주 특정 요일에 모여 다양한 주제를 놓고 토론회를 펼쳤다. 학생들은 이런 토론회를 통해 개인의 자유로운 의사 표현 및 다수결에 의한 민의 결정이라는 민주주의의 기본 원리를 경험할 수 있었다. 이렇게 시작된 배재 학당 협성회의 토론 문화는 학교 담장을 넘어 일반 사회에까지 확산되었다. 대표적인 대중 토론 문화로는 독립협회의 활동 중 하나인 만민공동회(萬民共同會)를 들 수 있다.

이승만과 배재 학당에서 같이 공부를 했던 신흥우에 의하

면 학생들에게 민주주의라는 낱말을 처음 소개해준 것은 서
재필이었다고 한다. 이승만은 1912년에 쓴 글에서 이렇게 회
고하였다. "내가 배재 학당에 가기로 하면서 가졌던 포부는
영어를, 단지 영어만을 배우고자 하는 것이었다. 그러나 나
는 그곳에서 영어보다도 훨씬 더 중요한 것을 배웠는데 그것
은 정치적 자유에 대한 사상이었다. 조선 사람들이 정치적으
로 어떻게 억압받고 있었는지 조금이라도 아는 사람이라면
기독교 국가 시민들은 그들의 통치자들의 억압으로부터 법
적으로 보호받고 있다는 사실을 생전 처음으로 들은 나의 가
슴에 어떠한 변화가 있었는지 상상할 수가 있을 것이다. 너무
나 혁명적인 것이었다. 나는 '우리나라에도 그와 같은 정치적
원칙을 따를 수 있다면 얼마나 좋을까' 하는 생각을 하게 되었
다."

　이 글로 미루어 볼 때 이승만은 서재필을 통하여 알게된 기
독교를 통한 자유 민주주의에 대한 확신을 갖게 되었으며 지
금까지 지녔던 동양적 사고의 틀에서 벗어나 서양적인 사고
로 전환하는 계기를 마련하였다는 것을 알 수 있다. 이승만에
게 서재필은 훌륭한 교사요, 따라야 할 본보기가 되는 인물이
었다. 당시 서재필은 젊은이들에게 민주주의에 대하여 강의
를 하였을 뿐만 아니라 이승만에게, 그리고 한국 정치에 막대

한 영향을 끼친 '실험'을 시작하게 하였다. 그것은 학생들로 하여금 토론회를 하게 한 것인데, 당시까지만 해도 조선인들은 상명하달식 논쟁에는 익숙해 있었지만 이처럼 질서 있는 토론에는 전혀 경험이 없었다. 서재필은 학생을 두 조 또는 두 팀으로 나누어 선정된 주제에 대해서 한 팀은 찬성하는 연설을 하게 하고, 또 다른 팀은 그것에 대해서 반대하도록 한 것인데, 이는 자신이 미국 고등학교 시절에 경험한 것을 실행한 것이었다. 물론 학생들은 참신한 토론 방식에 흥미를 느낄 뿐 아니라 열성적으로 토론에 참가했는데, 협성회라는 조직 하에서 행해진 토론회는 조선 땅에서 처음으로 조직된 의회를 방불케 하는 모임이었다.

이승만에게 서재필이 특별한 인물이었다면, 서재필에게는 이승만 또한 특별한 인물이었던 것을 다음과 같은 기록을 통하여 알 수 있다. 서재필은 1949년 올리버에게 써 보낸 '이 박사에 대한 나의 인상(My Impression of Dr. Lee)'이라는 글에서 그와 이승만과의 사제 관계에 대하여 회고하며 다음과 같이 기술하였다.

"1987년 서울에 있는 미국 선교사 학교인 배재 학당에서 가르칠 때에 나는 당시 그 학교의 학생이었던 이승만 박사를 만났다. 그는 당시 20살의 어린 청년이었지만 매우 신중하고 야망에 가득 찬 모습이었다. 그는 장차 교육 사업에 자신을 헌신하기를 원하였고, 내가 하는 활동들에 대하여 깊은 관심을 갖고 있었다. 나는 그에게 '당신이 한국 국민들의 안녕(安寧)을 위하여 헌신(獻身)하기를 원한다면 유럽이나 미국에서 행하여지는 자유주의 교육을 통하여 얻을 수 있는 리더십을 반드시 준비해야만 한다.'고 말해 주었다."

이승만은 미국 조지 워싱턴대학교에서 공부할 당시 네 번째 학기를 마치던 1906년 겨울에 은사인 서재필에게 하버드대 대학원에 진학할 의사를 밝히면서 자문을 구하는 편지를 보냈다. 서재필은 1906년 말과 1907년 초에 쓴 그의 답장에서 하버드대학교에 진학하려는 제자의 계획에 대하여 찬사를 보내면서 하버드대학원에 진학하여 역사학을 전공한 후 1년 이내에 석사 학위를 받고 귀국할 것을 권고하였다. 동시에 그는 박사 학위를 취득할 필요는 없을 것이라고 충고하였다. 이러한 내용의 편지를 주고받았다는 것은 외롭게 미국 유학 중인 이승만에게 서재필은 스승으로서의 영향을 계속해서 주고 있었다는 것을 의미하는 것이다.

그로부터 훨씬 후인 1919년 4월에 필라델피아에서 열린 대한인 총 대표 회의에서 서재필은 이승만이 대통령이 되도록 추대하고 옹호하는 발언을 했다. 4월 16일 오전 회의에서 그는 아래와 같이 이승만을 노골적으로 지지하는 발언을 하였다.

> "...이승만 박사는 놀랄 만큼 훌륭한 업적을 달성한 인물입니다. 나는 여러분들이 과거 20년간의 역사를 통해 그를 여러분의 지도자로 절대 신뢰하고 있음을 알고 있습니다. 그는 지옥의 열화(烈火) 같은 고난을 극복한 인물입니다. 그리스도를 믿는다는 이유로 5년간 감옥에 갇혀 있었습니다. 그는 여러분의 신뢰를 받을 만합니다."

그의 지지 선언으로 이승만은 미국에서의 독립 활동에 큰 신뢰를 얻게 하였다.

이렇게 이승만(1875-1965)과 서재필(1864-1951)은 1896년 개화기 초기에는 제자와 스승과의 관계로, 미국에서의 조우 이후에는 조국의 독립을 위한 서로의 동반자로서 만나 활동하였으나 때로는 독립의 방법에 따르는 의견의 갈등으로 1948년 해방 정국에 이르기까지 여러 차례에 걸쳐 만남과 헤어짐을 반복했다. 이들이 헤어진 이유는 정치적 노선과 입장의 차이

보다는 개인적 애증(愛憎) 때문이었다고 볼 수 있다. 서재필과 이승만은 도미 후 정착 과정에서 홀로 서야 하는 심리적 압박 감과 조국의 독립을 위한 방법을 놓고 기득권적 출세욕 그리 고 독립 후 건국에 대한 혁명적 개혁주의자로서의 정치적 의 도를 드러내지는 않았지만 서로의 의견 대립은 두 선각자의 행보에 담겨져 있다.

이승만은 1945년 10월 17일 미군정의 하지 장군과 맥아더 장군의 도움으로 귀국하였고 서재필은 1946년 8월 미군정의 하지 장군의 정치적 '초청'에 의해 해방 정국에서 이승만과 재 회했다. 하지 장군은 처음에는 이승만이 미소 간에 의한 신탁 통치에 협력하여 줄 적임자라고 생각했으나 이승만의 공산 주의와 합작에 대한 강력한 반대를 주장하자 자신의 뜻을 실 행할 사람으로 이승만보다 더 미국적인 서재필을 지목하여 그의 귀국을 시도하여 이승만의 독주를 막으려 했다. 이에 대 하여 이승만은 서재필의 귀국 의도를 의심하였고 서재필은 이승만의 정치적 행보를 우려했다.

결국 양자는 해방 정국에서 뜻하지 않은 정치적 경쟁자로 활동하게 되었다. 하지 장군의 요청으로 서재필은 미군정과 남조선 과도 정부의 최고 고문역을 하였다. 한때 그를 대통령 후보자로 추대하려는 운동이 있었으나 사양하고 1948년 미국으로 출국하여 1951년 후두암과 방광암, 과로의 합병증으로 미국에서 생을 마쳤고 이승만 대통령 역시 미국의 하와이에서 서거함으로 두 선지자적 개척자들의 같은 듯 다른 삶의 종지부는 고국의 땅이 아닌 제2의 고향인 미국 땅이었다.

다) 급박했던 이승만의 대한민국 건국 과정

이승만은 해방 공간에서 아무도 가보지 않은 자유 민주주의를 정체성으로 하는 국가를 건국하기 위해 목숨을 걸고 고군분투하였다. 이승만이 미국무부의 방해를 이기고 귀국하자 자유 대한민국을 건국하는데 이겨내야 할 3가지 방해물이 존재하고 있었다. 첫째는 1945년 12월 모스크바에서 열린 미영소 외상들이 한국의 5년간 신탁 통치를 결의한 국제 사회의 간섭과, 둘째는 이미 북한을 공산주의 국가로 만들기로 결정한 소련의 스탈린과 김일성에 의해 지령을 받고 활동하는 남노당 패거리들과 나머지 앞뒤도 가릴 줄 모르고 점령군처럼 행세하며 설치는 임시 정부 요원들이었다.

이런 캄캄한 안개 정국의 해방 공간에서 누가 아군인지 누가 적군인지 구별할 수 없는 상황에서 좌우가 서로 이승만을 자신의 편으로 끌어들이기 위해 이승만 자신도 모르는 사이 좌우의 최고 지도자의 자리에 앉혀 놓았다. 이러한 상황을 잠시 살펴보면 다음과 같다.

1945년 12월 28일, 모스크바에서 공포된 미·영·소 3국 외상(外相)의 협정(모스크바 3상 협정)은 "한국에 임시 정부를 수립하고, 미·소·영·중 4국이 최대 5년간 신탁 통치를 실시한다"는 것이었다. 이와 함께 "남북한 정당·사회 단체의 협의에 의해 구성되는 임시 정부 수립을 지원하기 위해, 주한 미군·소련군 사령부로 구성되는 미소공동위원회(미소공위)를 창설하고, 2주 안에 양측 대표자 회의를 개최하기로 결의한다.

모스크바 협정이 한반도에 알려진 직후부터 처음에는 남북이 모두 신탁 통치에 반대했으나 소련의 스탈린의 사주를 받은 북한 김일성의 배신은 찬탁으로 돌아섰고 남한에서는 반탁 운동이 거국적으로 일어났다. 1946년 1월 2일, 조선공산당을 위시한 좌익이 일제히 '찬탁'으로 돌아선 이후로는 좌우익의 갈등이 더욱 극에 달했다. 1월 16일, 미소공동위원회의 예비 회담은 이렇듯 대규모 '반탁·친탁 시위'가 번갈아 벌어지던 어수선한 분위기 속에서 서울에서 개최되었다.

남한이 '반탁·찬탁'으로 갈라져 극심한 혼란에 빠진 것과 달리, 김일성을 앞세운 북한의 소련군정은 계획대로 급속히 세력을 확장하여 차츰 찬탁으로 자신들의 야욕을 채워갔다. 1946년 1월 5일, 당시까지는 북한 지역의 최대 세력을 이끌며 반탁 노선을 견지하던 우익 지도자 조만식 장로가 소련을 등에 업은 김일성 세력에 밀려 의장직에서 축출되어 고려호텔에 연금된 직후, 평남 인민정치위원회는 갑자기 '찬탁 결의'를 만장일치로 통과시켰다. 2월 8일, 정부 역할을 수행하게 될 김일성 위원장의 북조선임시인민위원회(인민위)가 출범했다. 뿐만 아니라 3월 5일, 인민위는 갑자기 소위 '무상 몰수, 무상 분배'를 내세운 '토지 개혁'을 단행함으로써 실제로 북한의 '정부'임을 선포하기에 이른다.

3월 20일, 미소공동위원회의 본회의가 서울의 덕수궁 석조전에서 개회되었다. 회의를 앞두고 소련은 미소공위를 통해 구성될 임시 정부 각부 장관을 남북한 동수로 구성해 '북한 2, 남한 좌익 1, 남한 우익 1'로 구성할 전략을 제시했다. 좌우익 기준 '3대 1', 소련의 계획대로라면 한반도 전역의 공산화는 시간문제였다. 소련은 계획한 대로 수상 여운형, 부수상 박헌영·김규식, 내무상 김일성 등 내각 명단까지 미리 구성해 둔 상황이었었다. 스탈린과 김일성에 의해 미리 계획된 미소공위에서 소련은 "모스크바 협정을 지지하는 정치 세력에 한해서만 임시 정부 참여를 허용해야 한다."는 뜬금없는 주장을 제기했다.

이에 대해 순진한 미국은 "한국인 대부분이 모스크바 협정을 반대하는 상황에서 신탁 통치를 반대한다고 해서 임시 정부에서 제외하는 것은 부당하다"고 맞섰다. 한 달 가까운 공전 끝에 4월 18일, 미소공위는 임시 정부에 참여할 정당·사회 단체는 '모스크바 협정에 대한 지지'를 서약하는 문서에 서명해야 한다는 '공동 성명 제5호'를 발표했다. 하지만 이번에도 그에 대한 미국과 소련의 해석이 엇갈렸다. "서명을 하면 반탁을 할 수 없다"는 것이 소련 측 해석이었고, "반탁을 해도 서명을 하면 미소공위에 참석할 수 있다"는 것이 미국 측 해석이었다.

반탁 정국에서 이승만은 처음에는 김구와 연대해 비상국민회의를 결성했다. 미군정은 비상국민회의 최고정무위원 28명을 미군정 자문 기관인 '남조선 대한국민대표 민주의원'으로 임명하고, 의장에 이승만, 부의장에 김규식, 국무총리에 김구를 선임했다. 그러면서 미군정은 소련의 눈치를 보느라 이승만에게 반탁에 집착하지 말고, 소련과 공산주의에 대한 비판을 삼가라고 종용했다. 하지만 이승만은 공산주의자와의 타협은 한반도의 주인을 일본에서 공산주의자로 교체하는 결과를 초래할 뿐임을 알고 있었다.

미소공동위원회의 개최 직후 소련과 김일성의 의도가 들어나자 남조선 대한국민대표 민주의원(민주의원) 의장직을 사임

한 이승만은 중대 결심을 한다. 1946년 4월 16일부터 6월 9일까지 마치 1912년 당시 YMCA 총무로 전국을 돌며 젊은이들을 깨우며 다니듯 충청, 경상, 전라, 한반도 남부 지방의 주요 도시를 순행하며 대규모 군중 집회를 개최했다. 천안에서 시작된 이승만의 '남선순행(南鮮巡行)'은 대전, 김천, 대구, 경주, 울산, 부산, 진주, 하동, 순천, 목포, 광주, 정읍, 전주, 군산 등 26개 도시에서 최소 70만 명의 군중을 불러모았다. 대구와 진주 집회에서는 10만 명이 넘는 군중이 운집했다.

이승만은 1946년 4월 16일에 출발하여 6월 9일까지 남선순행을 감행하였다. 그는 남선순행은 그의 민주의원 의장직의 사임과 미소공위 준비를 위한 반소주의자인 자신의 배제로 중앙 정치 무대에서 활동하기 어려운 상황이라는 현실이 원인이 되었다. 그러나 더욱 중요한 이유이자 목적은 남부 지방의 인민위원회를 중심으로 한 좌파 세력에 대항하는 우파 세력 조직이 필요했던 미군정의 요청과 독촉국민회의 지방 지부세력을 확대 강화시키고자 하는 의도가 더 컸다. 이승만은 좌파들의 격렬한 비판과 반대에도 불구하고 지방에서 놀라운 대중 동원 능력을 보여주었고, 자신의 세력을 확장시켜 나갔다.

그의 남선순행은 미디어가 발달하지 않은 상황에서 소련과 김일성의 의도와 이에 끌려가는 듯한 미군정의 안일한 태도에 따라 미소공동위원회가 점차 소련의 의도로 흘러가는 것에 대한 우려를 지방에 알리고자 함이었다. 지방의 거점 도시들의 독촉국민회 지부들을 중심으로 진행되면서 주변 군들의 청중들에게 당시의 초미의 관심사인 미소공위의 회담 진행 상황, 민족 통일을 통한 자주 독립의 달성과 민주주의 공화제 정부 수립, 국론 분열을 일으키며 소련에 예속된 공산주의들에 대한 강력한 비판 등을 전달하였다. 이러한 그의 연설들을 통하여 지방의 좌파 세력들 가운데 우파로 넘어오는 경우들이 생겨났을 뿐만 아니라 독촉국민회의 지방 지부들이 확대 조직되었고 그의 지지 세력이 강화되었다.

이러한 그의 남선순행 과정에서 이승만에게 가장 큰 힘을 준 세력이 기독교인들이었다. 대전, 대구, 부산, 순천, 보성 등지에서 확인되는 바와 같이 지역 교회들과 목사들이 참여하여 그의 활동을 지원하였다. 그는 6월 11일 독촉국민회 총재로 취임하면서 민족 통일 총본부 설립 승인을 받아 6월 29일에 조직하였다. 이 조직에 대해 좌파뿐만 아니라 한독당과 미군정도 비판하여 세력 확대에는 실패하였으나 그의 강력한 지지 세력 구축에는 일단 성공하였다고 볼 수 있다. 그리고 이승만의 독촉국민회와 민족 통일 총본부 조직에는 국민 운동을 통해 국가를 수립하려는 기독교인들이 다수 참가하여 그의 적극적인 지지 세력으로 활동하였다. 그를 지지하던 기독교 세력은 미국에서 동지회에서 함께 활동했던 허정, 김양수, 임영신과 흥업구락부의 오하영과 이묘묵, 그리고 한민당에 가담했던 김동원, 윤보선, 월남기독교인인 이윤영과 박현숙, 독촉애국부인회의 박승호와 황신덕 같은 인물들이 중심을 이루었다. 귀국 후 6개월 남짓 주로 서울에서 활동하던 이승만은 남선순행을 통해 정치인으로서 대중적 인기를 확인하고, 자신의 생각과 신념을 지역 민중들에게 알리면서 남한만이라도 단독 민주주주의 국가를 세우고자 하는 뜻을 굳히게 되었다.

이승만은 미소공위를 통한 통일 정부 수립에 대한 기대를 완전히 버리지 않고 일말의 기대를 가지고 있었다. 4월 29일, 3만 명이 운집한 부산 집회에서 이승만은 소련의 '남북 동수(同數) 임시 정부 구성안'의 대안으로 '인구 비례 구성안'을 제기했다. "미소공위를 통해 조선에 장차 수립될 임시 정부는 인구 비례에 따라 북조선 5, 남조선 8, 또는 북조선 3, 남조선 5가 되지 않을까 싶다"고 주장했다. 이승만이 생각한 임시 정부 북한 대표는 김일성이 아니라 소련군에 연금당한 조만식이었다는 사실은 당연한 것이었다. 이유는 현재도 왜 좌파 세력이 이승만을 그렇게 미워하는지 알 수 있는 대목이다. 이승만은 공산주의자인 김일성을 한 번도 인정한 적이 없다.

당시 남부 지방에서는 인민위원회의 영향력이 남아 있었고, 좌익의 세력이 강했다. 하지만 좌익이 민심과 동떨어진 '찬탁 운동'에 매몰되고, 공산당이 대규모 위조지폐를 제조해 유통시킨 '정판사 위조지폐 사건'이 세간에 알려져 인심을 크게 잃은 가운데, 이승만이 대규모 군중 집회에서 호소력 넘치는 반공 연설을 쏟아내자, 좌익 인사들이 속속 우익으로 넘어왔다. 5월 3일, 진주 집회에서는 좌익 최대 조직 '민주주의민족전선(민전)'이 이승만 지지를 선언했고, 5월 5일 순천, 5월 8일 목포에서도 이승만의 연설에 감화된 다수의 좌익이 우익으로 전향했다. 5월 6일, 장흥 집회에서는 그해 1월 조선인민당 장흥위원장으로 선출되었던 손순기가 우익으로 전향해 사회를 보았다.

5월 6일, 미소공위는 소련 측이 이승만을 비롯한 남한의 반탁 인사와 단체의 임시 정부 참여를 끝까지 거부하는 바람에 무기한 휴회되었다. 이후 이승만은 미소공위에 걸었던 일말의 기대마저 접어버렸다. 6월 3일, 한 달 남짓 중지했던 남선 순행을 재개한 이승만은 정읍 집회에서 소위 '정읍 발언' 혹은 '단정(單政) 발언'이라 알려진 위대하면서도 획기적인 연설을 했다.

> "이제 우리는 무기 휴회된 공위가 재개될 기색도 보이지 않
> 으며 통일 정부를 고대하나 여의케 되지 않으니 우리는 남
> 방(南方)만이라도 임시 정부 혹은 위원회 같은 것을 조직해
> 38선 이북에서 소련이 철퇴하도록 세계 공론에 호소해야 할
> 것이니 여러분도 결심해야 할 것이다."('서울신문', 1946.6.4)

이승만의 이러한 결정은 장제스 총통이 이끄는 중국 국민
당이 1927년에서 1936년까지 제1차 국공 내전을 통하여 1946
년부터 장제스의 중국 국민당이 공산당에 밀려 중화민국 정
부를 대만으로 옮기는 국공 합작의 실패를 보면서 국제 정치
를 손바닥처럼 보고 있는 이승만이 평소부터 소신으로 가지
고 있던 공산당과의 합작은 결국 공산당들만 이롭게 한다는
그의 지론이 결정적인 역할을 한 것이다.

연설문 어디에도 '단정'이라는 말은 없었다. 넉 달 전 북한
이 사실상 정부인 인민위를 조직했고, 미소공위의 재개 가능
성이 요원하니, 남한만이라도 '임시 정부'나 '위원회'를 조직해
북한에서 소련을 내쫓고 통일을 도모하자고 했을 따름이었
다. 하지만 조선 공산당은 "정읍에서 이승만 박사는 3상 결정

을 반대함으로써 미소공위를 결렬시키고 반소·반공 운동을 일으킴으로써 남조선 단독 정부를 세우려 하는 것"이라 매도 했다. 민전 등 좌익 단체는 "반동 거두 이승만은 조급한 정권 욕과 광포한 파쇼 이념을 더 이상 참을 수 없어 다시 이러한 폭언을 토한 것이다"라고 공격했다. 한반도의 공산화를 막겠 다는 이승만의 신념과 혜안은 좌익에 의해 은근슬쩍 '단정 수 립'을 획책한 듯 매도되었고, 그때부터 이승만 건국 대통령에 게 덧씌워진 '분단의 원흉'이라는 프레임은 오늘날까지 답습 되고 있다. 만일 이승만의 이런 결정이 없었다면 지금 우리의 상황은 어떻게 되었을지? 의식이 있는 자라면 스스로 답을 내려보기 바란다.

라) 이승만이 믿은 하나님의 계획과 섭리(기독입국론)

하나님은 당신을 믿고 따르는 자녀들을 보호하기 위하여 국가라는 울타리를 만들어 주신다. 물론 하나님의 자녀들은 천국이 본향이요 영원한 하나님의 나라가 국가지만 이 땅에 서 물리적인 국가가 없이는 신앙의 자유를 지킬 수 없다. 노 아의 홍수 이후 이 땅에는 힘과 권력을 잡은 사람(당 대에 유명 했던 사냥군인 니므롯과 바벨탑 사건)이 국가를 만들어 자신들의 백성을 구분지어 다스리고 국경과 법을 만들어 다스리기 때문에 한 개인이 아무리 자신의 신앙을 지키려 해도 국가에 속하여 국민이 되지 않으면 개인의 재산과 권리와 자유를 지켜낼 수 없다.

이에 하나님은 당신의 구속사를 위하여 한 사람을 불러내는데 그 택함을 입은 사람이 바로 갈대아 우르에 살고 있던 아브람이었다. 아브라함이 아무리 하나님의 신실한 믿음의 소유자라 할지라도 자신의 신앙을 지키기 위해서는 힘과 권력이 있어야 한다. 힘과 권력이 없이는 이 땅에서는 남의 노예처럼 살 수밖에 없다. 그리고 앞으로 오실 구세주 예수 그리스도를 통한 구속사를 이루기 위해서는 아브라함의 후손을 통해 국가를 만들어 주어야 한다. 이것이 하나님이 이스라엘이라는 국가를 만드시는 이유이다. 아브라함을 통하여 히브리 백성을 만들고 이 민족 공동체가 신앙 공동체가 되어 이스라엘이라는 하나님의 국가를 만들어야 여호와 신앙을 지켜낼 수 있고 이 국가가 존재해야 예수님이 오시는 길을 예비할 수가 있기 때문이다.

먼저 하나님은 아브라함에게 당신이 예비하신 땅으로 가도록 지시하신다. 하나님 나라의 거룩한 백성이 되기 위해서는 이 세상과 구별되는 하나님의 약속의 땅으로 가야 한다. 그곳이 바로 젖과 꿀이 흐르는 약속의 가나안 땅이다. 아브라함은

갈 바를 알지 못했으나 하나님이 지시하는 곳으로 떠나 가나안 땅으로 들어가 앞으로 민족 공동체를 이룰 자신의 후손들이 살아갈 터전을 마련한다. 그리고 그의 아들인 이삭을 모리아 산에서 제물로 바치는 신실한 믿음을 증명함으로 그의 후손이 바닷가의 모래알처럼 그리고 밤하늘의 별들처럼 많아질 것과 앞으로 오는 세상은 그의 후손으로 인해 복을 받을 것이라는 약속을 주신다(창 22:18).

이렇게 하나님은 아브라함에게는 후손을 약속해 주시고 그의 아들 이삭에게는 가나안 땅에서 7개의 우물(땅의 소유권 행사)을 파게 함으로 앞으로 이스라엘 백성들이 살아갈 터전을 허락하신다. 그리고 마침내 야곱을 통하여 이스라엘이라는 이름을 주시며 그의 12명의 아들들을 통하여 이스라엘의 12지파 이스라엘 민족 공동체를 만들어 내신다. 국가가 존재하기 위해서는 영토와 국민과 주권이 필요한데 이를 만들기 위해 하나님의 열심은 계획대로 하나씩 이루어 가신다.

마) 민족 공동체를 이루기 위하여 다양한 혈통의 DNA를 섞어라

그런데 이러한 하나님의 계획은 이스라엘을 야곱의 피를 받은 민족 공동체로 만들어야 하지만 야곱에게 한 명의 아내

를 주어서는 이를 이룰 수가 없다. 아브라함과 사라가 같은 혈통의 4촌간이요 이삭과 리브가 역시 아브라함의 동생 나홀과 밀가의 사이에서 낳은 아들 브두엘의 딸이기에 이삭과 브두엘은 4촌간이요 리브가와는 5촌 간이다. 그리고 야곱이 결혼할 레아와 라헬은 리브가의 오빠 라반의 딸들이다. 그렇다면 야곱과 라반의 딸들과도 외사촌간이 된다. 만약 이들이 서로 근친혼으로만 자녀를 낳고 이들을 통하여 이들이 한 민족으로 서로 근친혼을 한다면 유전학상으로 어떤 일이 벌어지겠는가?

이를 미리 아신 하나님의 지혜는 야곱에게 12명의 아들을 줄 때 레아와 라헬의 몸종인 이방인의 피가 섞인 실바와 빌하를 주어 야곱의 12자녀들의 피는 실바와 빌하를 통해 혈통의 다양성을 확보하여 건장한 자녀를 얻을 수 있게 하신다. 이것이 야곱에게 4명의 아내를 허락한 이유이다. 하나님은 모든 생물을 지으실 때 본능적으로 근친상간을 피하게 하여 강한 인자가 살아 남도록 만드셨다. 만약 야곱이 레아와 라헬만을 통하여 자녀를 생산했다면 이들은 혈연 공동체의 순수 혈통을 주장하다 열성인자가 발현하면 끔찍한 불구자들이 생산되었을지 모를 일이다.

유럽의 왕가 중 스페인의 합스부르크 왕가는 자신들의 순수 혈통을 지키려고 근친혼을 이어오다 결국은 세월의 흐름에 따라 아랫턱이 튀어나와 입을 다물수 없게 되었고 침을 흘리며 식사를 할 때 음식을 씹을 수 없는 주걱턱의 비극을 맞이하게 된다. 이들뿐만 아니다. 아프리카 밀림 속에 오랫 동안 자신들의 동족끼리 고립되어 살면서 근친혼을 이어온 원주민들의 발가락이 다섯 개가 아니라 두쪽으로 갈라져 타조 발처럼 변하여 잘 뛰지 못하는 종족이 발견되었다. 이들을 타조족이라 부른다. 미국에서는 West Virginia의 고립된 광산 지역에서 사는 휘테커 가족이 발견되었다. 이들 역시 근친상간을 하여 후손에게 열성 인자가 발현하여 얼굴은 찌그러지고 말을 못하고 개처럼 끙끙대는 소리를 내며 침을 흘리며 몰골이 변하여 비참한 모습으로 발견되어 세상을 놀라게 하였다. 로마의 황제나 귀족들도 자신들의 혈통을 유지하려 근친혼을 일삼아 결국 많은 황제들이 정신적으로 변태나 사이코페스의 유형으로 나타났고 그 대표적 예가 네로 황제의 악행이다.

오늘날 세계 인구의 0.2%에 불과한 유대인들이 노벨상의 30%를 수상했다는 사실이나 헐리우드의 영화계나 예술, 언론뿐만 아니라 미국 IVY리그의 대학 졸업자의 40%가 유대인들이요 세계 경제를 좌지우지하고 미국의 경제 대통령인

FRB의장이 역대로 유대인들로 이어오고 있다는 사실은 결코 우연한 일이 아니다.

바) 하나님의 탁란(托卵 brood parasitism) 작전 : 마지막 보루 유대인의 혈통을 지켜라

새, 물고기, 곤충 중에 어떤 종들은 다른 종의 둥지에 알을 낳아 그 종으로 하여금 새끼를 기르게 하여 종족을 번식시키는 녀석들이 있다. 특히 고스넉한 봄의 끝자락이나 초여름 앞 뒷산에서 저음으로 울어대는 뻐꾸기는 탁란으로 종족을 번식시키는 탁란의 대가다. 뻐꾸기는 자신의 알을 대신 키워줄 딱새나 붉은 머리 오목눈이 같은 새 집에 자신의 알을 낳는다. 뻐꾸기 알은 먼저 깨어나 원래 그 새집 주인의 알들을 등으로 밀어내고 혼자 독식하며 자라나 이서할 때가 되면 어느 날 홀쩍 날아가 버리는 새다. 이렇게 뻐꾸기는 다른 어미의 보살핌에 의존하여 번식하는 새다. 뻐꾸기는 스스로 집을 짓거나 새끼를 육아하지 못하게 적응 진화되었다. 그러나 뻐꾸기 어미는 자신의 새끼가 잘 자라고 있는지 주변을 돌며 자신의 목소리로 새끼에게 너는 뻐꾸기임을 각인시키기 위하여 온 봄을 그렇게 이 산 저 산을 헤매며 울고 다닌다.

이스라엘 역사에서 하나님은 이스라엘 백성을 두 번 다른

나라에 보내어 그들의 혈통을 보존시킨다. 이스라엘이라는 국가가 아직 세워지지 않았을 때 저들을 그냥 가나안 땅에 두면 필경 주변의 강한 민족에게 압제를 당하여 이스라엘 민족이 소멸될까 봐 요셉을 애굽에 먼저 보내어 야곱의 가족 70명이 기근을 피해 애굽으로 이주하도록 하신다. 하나님은 이들을 430년 동안 애굽의 고센 땅에 살게 하여 저들의 혈통을 지키게 하신다. 그리고 마침내 민족의 지도자 모세를 통하여 출애굽하게 하여 히브리 민족 공동체를 여호와 하나님의 신앙 공동체로 만들어 내신다. 이스라엘 백성들이 여호와를 믿는 신앙으로 거듭나 하나가 되었을 때 국가는 저들의 신앙의 자유를 지키는 울타리가 되고 이들의 신앙과 혈통을 보존해야 예수 그리스도가 제사장의 나라, 이스라엘을 통해 이 땅에 오실 수 있는 길이 열리기 때문이다.

그리고 또 한 번은 마지막 남은 유대인을 지켜내야야 하는 바벨론 유수 작전이다. 솔로몬 왕이 죽자 다윗 왕국은 남북 왕조로 갈라지게 된다. 솔로몬의 아들 르호보암이 왕이 되자 이에 반기를 든 여로보암이 베냐민과 유다 지파를 제외한 열 지파로 북이스라엘 왕국을 세워 이스라엘은 남유다와 북이스라엘 왕국으로 분할되고 만다. 그런데 남유다 왕국은 백성들을 하나의 신앙 공동체로 묶을 수 있는 예루살렘 성전이 있었지만 북이스라엘 왕국에는 그들의 신앙을 하나로 엮어줄 구심체(성전)가 없었다. 이에 여로보암은 야곱이 체험했던 벧엘을 성지로 삼고자 하여 단 지파가 있던 북쪽에 성지를 만들었으나 제사장을 세울 수 없는 문제에 봉착하게 된다. 하나님은 모세에게 레위 지파 중 아론의 후손 중 고핫 자손들에게 제사장 역할을 허락하셨는데 제사장들이 남왕국의 예루살렘 성전에서 봉사하자, 하는 수 없이 아무에게나 제사장직을 감당하도록 허락했다. 이런 제사장 제도의 문란이 북이스라엘의 정통성이나 신앙의 혼돈으로 이어져 결국 북이스라엘 왕국은 B.C. 722년 앗수르 왕국에 의해 무너지고 앗수르의 혼혈정책에 의해 이스라엘의 순수 혈통은 무너지고 북이스라엘은 저주 받은 사마리아 땅으로 변질되고 만다.

이러한 북이스라엘 왕국의 역사적 교훈을 반면교사로 삼아야 하지만 그렇게 하지 못한 결과 남유다 왕국은 메소포타미아를 거점으로 흥기한 바벨론 제국의 느브갓넷살 왕에 의하여 B.C. 586년 멸망하게 된다. 이에 하나님은 다시 이스라엘에 내려진 위급한 상황을 해결해야 했다. 남유다 왕국이 무너지면 순수 이스라엘 혈통의 대가 끊겨 앞으로 오실 예수님의 길이 막히기 때문이다. 이스라엘을 위한 마지막 보루 유다 족속을 지켜내야만 하셨다. 여기에 하나님이 제기하신 바벨론 유수가 왜 필요한지 그 이유가 있기 때문이다. 하나님이 이스라엘 왕국을 세우신 목적은 예수 그리스도가 이 땅에 오실 수 있도록 그 길을 예비하시기 위하여 제사장 국가로 세우셨기 때문이다. 그리고 이 나라가 제사장 국가가 되기 위해서는 레위 지파로 이루어진 제사장의 위치가 중요하다. 제사장 제도가 건실해야 신앙이 돈독해지고 하나님의 목적인 예수 그리스도가 이 땅에 오셔서 자유를 선포할 수 있기 때문이다.

하나님은 먼저 예레미야 선지자를 통해 남유다 백성이 이집트로 피신하지 말고 바벨론으로 갈 것을 지시하신다. 만약에 남유다 백성이 이집트로 가면 이들이 다시 이집트인들과 동화되어 여호와 하나님의 순수 신앙과 히브리 민족성을 잃게 되고 혈통 또한 유지할 수 없기 때문이다.

결국 거짓 선지자들에 의해 예레미야와 많은 남유다 백성들이 이집트로 피신하지만 이들의 흔적은 사라지고 하나님께서 우려하셨던 것처럼 이집트에 동화되어 버리고 만다. 유다 왕국의 백성들은 예레미야의 예언처럼 느부갓네살 왕에 의해 바벨론으로 끌려가게 된다.

남유다 백성의 바벨론 유수 사건은 하나님께서 이스라엘의 혈통을 유지시키기 위해 취하신 결정이다. 북이스라엘 왕국이 앗수르 제국에 망하여 혼혈 정책에 의해 이스라엘의 순수 혈통이 무너지고 북이스라엘의 수도였던 사마리아 땅은 저주의 땅에 되고 말았던 사건을 거울 삼아 남아 있던 남유다 왕국의 혈통을 지키기 위해서 하나님이 취하신 극단적 방법은 바로 탁란 작전(바벨론 유수)이었던 것이다.

하나님의 작전은 적중하여 남유다 백성들은 유수 70년 만에 다시 돌아와 예루살렘 성전을 재건하고 느헤미야에 의해 종교 개혁이 일어나는데 주된 역점은 바벨론 유수 70년 동안 무너졌던 제사장 제도를 재정비하고 제사장들을 정결케하여 무너졌던 제사장 제도를 강화하는 것이었다. 이스라엘 혈통의 연결의 끈인 제사장 제도의 정비는 혼란스러웠던 헬라 시대와 로마 시대를 거치면서도 그 면면을 유지해오다가 비로소 예수님이 이 땅에 오시기 전 제사장 스가랴에 의해 그 길이 열리게 된다. 제사장 스가랴는 다윗이 정비한 24반차를 따라 대속죄일 때 지성소에 들어갔고 그는 그곳에서 천사를 통해 세례 요한의 임신과 그의 역할에 대한 예언을 받게 된다. 우리가 잘 아는 것처럼 세례 요한의 역할은 예수님의 길을 예비하는 것이다. 만일 제사장 제도가 문란해지고 그 혈통이 혼란에 빠지게 되었다면 예수님의 길을 예비할 자가 어디로부터 나오겠는가? 성경의 오묘함과 하나님의 지혜로움이 바로 여기에 있는 것이다.

어느 시대나 제사장 제도가 혼란에 빠져 그 정통성이 무너지면 백성들의 신앙이 혼란스러워져 나라의 국기가 흔들리게 된다. 구약 시대의 종교 개혁의 목적은 주로 제사장 제도를 강화하는 것이었고 1517년 마틴 루터의 종교 개혁 역시 그 본질은 사제들의 타락과 문란한 사생활을 바로잡아 신앙의 중심을 세우는 것이었다. 그리고 구속사의 핵심은 예수님이 오시기까지 제사장 제도가 필요했고 예수님의 초림 이후 영적 세계는 사도 베드로에 의해 제시된 만인 제사장설이 정설이기에 오늘날의 모든 성도는 이 세상에서 왕 같은 제사장으로 세워진 하나님의 일군이요, 군사요, 사명자들인 것이다(벧전 2:9).

사) 나는 길이요, 진리요, 생명이니...

예수님은 이 땅에 오셔서 당신의 정체를 밝히신다. "나는 길이요 진리요, 생명이니..."(요 14:6). 예수님은 하나님이 만드신 구속사의 주인공으로서 이 땅의 역사의 주인이시다. 그래서 그의 말씀과 행보는 곧 인류가 가야 할 길이 되는 것이다. 그가 보이신 생명의 길, 그것이 바로 성경의 핵심이다. 그 길은 실로 인류가 역사를 통하여 뼈저린 경험과 체험을 통하여 배우고 터득하며 걸어온 길이다. 그 길을 제시하신 분이 예수님이다. 그러므로 인류에게 제시하신 그 길은 바로 자유로 나가는 길이다. 자유를 쟁취하는 길이다. 자유는 인간사의 역사 속에서 끊임없이 잉태되고, 싹이 텄다 뭉개지고, 꽃이 피었다 지워지고, 높이 치켜 세워졌다 꼬꾸러지는 역경을 겪으면서 오늘날 예수 그리스도를 통하여 이 땅에 발현된 신인류인 현대인에게까지 이르게 되었다.

그러므로 자유의 길은 역사와 현실 통하여 그 내용을 드러낸다. 어느 시대를 막론하고 자유의 본질은 변함이 없지만 시대적 요구에 따라 색다르게 나타난다. 그것은 서로를 믿은 신뢰로부터 시작되어 사랑과 소망에까지 이르게 된다. 자유가 없는 신뢰는 무력 앞에 무릎을 꿇는 것이요, 자유가 없는 사랑은 무책임의 남발이요 불장난이고, 자유는 소망과 희망의 원인이요 결과다. 따라서 자유를 실현하는 내용이 바로 인류가 추구해온 가치관이 되는 것이다. 자유를 위하여 가정이 필요하고 국가가 필요하고 사회가 필요하다. 만약 자유를 파괴하는 가정과 국가와 사회가 있다면 없어져야 한다. 미국의 독립선언문에도 신이 부여한 개인의 자유를 억압하거나 보호하지 못하는 정부는 바꿀 수 있다고 선언하고 있다. 성경은 자유를 위한 책이다. 하나님이 부여한 자유를 위하여 성경에서 요구하는 예수 그리스도의 사랑의 덕목과 실천 내용들이

팔복으로 나열되어 있고 사도 바울이 가르쳐주는 성령의 열매로 나타나기도 하고 베드로 사도가 제시하는 신의 성품에 참여하는 덕목들로 설명되어진다.

구약 시대에는 자유라는 개념을 알지 못했다. 그저 힘과 권력 앞에 무참히 무너져버리는 자유(인권)를 보지 못하고 당연히 백성은 힘과 권력 앞에 무력하게 무릎을 꿇어야 하는 것으로 간주했다. 이것이 또한 인간이 사는 덕목으로 알고 사는 세상이었다. 그런 와중에서도 하나님은 이스라엘 백성들에게 요구하신 것은 이떠한 상황에서도 변함이 없는 신앙의 자유를 구가하는 것이었다. 이스라엘 백성들에게 여호와를 믿는 신앙의 자유를 지키게 하셨다. 그래야 예수 그리스도가 궁극적 자유를 선포할 수 있기 때문이다. 이를 위하여 아브라함을 택하셔서 히브리인으로서 혈연 공동체를 만드셨고 이삭과 야곱을 통하여 민족 공동체를 이루게 하셨고 이들이 스스로 자신들이 히브리 민족 공동체라는 사실을 깨달았을 때 모세를 통하여 여호와를 중심으로 하는 신앙 공동체를 만들고 사무엘 선지자를 통하여 국가를 만들어 이방의 다른 국가로부터 이들의 신앙을 보호하는 이스라엘이라는 국가의 울타리를 만들어 주신 것이다.

이스라엘이라는 나라가 여호와 신앙으로 이 땅에 존재해야 하는 이유는 인류가 가져야 할 자유를 선포하도록 예수 그리스도가 오시는 길을 만들기 위해서다. 이것이 제사장 나라로서 이들의 존재적 사명이다. 이스라엘이라는 혈통과 신앙과 국가는 예수님이 그리스도로 이 땅에 오시는 길이기 때문이다.

결국 다윗 정비한 제사장 제도에 따라 제사장 사가랴가 24 반차에 따라 직무를 행했고 제비에 뽑혀 지성소에 들어갔고 하나님의 천사 가브리엘로부터 세례 요한을 아들로 얻을 것을 계시받고 그의 예비한 길을 따라 이 땅에 오신 예수님은 이사야 선지자가 예언했던 것처럼 "마음이 상한 자를 고치시며, 포로된 자에게 자유를, 갇힌 자에게 놓임을 선포하신다(눅 4:18)." 이는 실로 인류가 수천 년 동안 잃어버리고도 깨닫지 못하고 살았던 진정한 자유의 선포요 앞으로 인류가 추구해야 할 참자유에 관한 서정의 길의 시작이었다.

아) "진리를 알지니 진리가 너희를 자유케 하리라." (요 8:32)

예수님의 진리(하나님의 말씀)로 깨닫게 되는 자유의 선포인 이 말씀은 당시 지혜의 상징이라는 유대교의 랍비들도 무슨 뜻인지 이해하지 못했다. 그러나 구속사의 주인이신 예수님의 이 자유의 선포는 인류가 소중하게 간직해야 할 희망이 되었고 현실 속에서 추구해야 할 최상의 가치관이 되었다.

예수님이 선포하신 자유는 그리 쉽게 인류의 삶 속에 자리 잡지 못했다. 인간이 가져야 할 자유는 소중한 것만큼 훼손당할 소지도 많은 것이 그 속성이다. 인간이 본능대로 마음껏 행동하고 자기가 하고 싶은 대로 함부로 행하는 것이 자유가 아니다. 물론 큰 틀에서 보면 그것 또한 자유(Liberty)라고 말할 수 있지만 하나님이 인간에게 부여하신 자유는 인간의 본능을 절제하고 나의 자유가 소중한 것처럼 다른 사람의 자유도 소중하다는 사실을 이해할 수 있는 자유 곧 자기 행동과 말에 대한 책임지는 자유(Freedom), 다시 말해 진리(말씀과 법)로 깨닫고 절제하는 질서있는 자유인 것이다. 그렇기 때문에 자유는 거저 주어지는 공짜가 아니라 "Freedom is not free."라는 철저한 눈물과 땀과 피를 통해 쟁취하고 얻어지는 인간 삶의 최상의 예의 범절이다.

인류가 이러한 자유를 얻기까지는 또 다른 천년의 시간이 필요했다. 로마 황제들로부터 핍박을 당하던 신앙의 자유는 A.D. 313년 콘스탄티누스 황제의 로마의 기독교 국교화를 통해 쟁취되는 듯싶었지만 기독교가 권력화되자 19세기 존 에머리치 에드워드 달버그액튼 경의 말처럼 "권력은 부패하는 경향이 있으며, 절대 권력은 절대적으로 부패한다."는 경고처럼 되고 말았다. 오히려 자유를 선포해야 할 로마 가톨릭은 신앙을 권력의 도구로 삼아 사제들 위주의 종교 사유화를 했을 뿐 아니라 성경을 왜곡하고 자신들의 권력을 정당화하는데 이용하였으므로 인류는 자유를 잉태하기까지 마틴 루터의 종교 개혁이라는 거대한 자유를 향한 쓰나미가 밀려오기를 기다려야만 했다.

신앙의 자유를 외치며 "성경으로 돌아가자!"는 슬로건하에 가톨릭(구교)에 대항하는 프로테스탄티즘(개신교)으로 개인의 인권과 자유의 가치가 만들어지고 종교 개혁(1517) 이후 100여 년이 흐른 뒤 필그림들의 신대륙 이주까지(1620) 신앙의 자유를 찾는 인류의 끝없는 행보는 1776년 미국의 독립 선언에 의하여 진정한 자유를 맞이하게 된다.

시대와 역사의 흐름에 따라 인류가 요구하는 자유의 내용은 다르게 변화한다. 예수님의 자유 선포 이후, 기독교는 사람들의 정신을 바꾸고 마음과 내면의 중요성이 살아나면서 차츰 자유의 정신이 움트기 시작하였다. 가난한 자에게도 인권이 있고 육신적으로 갇힌 자에게도 최소한의 인간의 권리가 주어져야 하고 영혼의 자유는 그 누구도 막을 수 없는 천부가 부여한 권리라는 사실이 싹트기 시작한 것이다.

봉건주의 사회에서는 영주와 소작민들이 서로의 소유권에

대한 자유를 위해 싸웠고, 결국 프랑스 대혁명의 시초가 되어 영국의 산업 혁명 이후 노동자와 고용 주간의 노동의 자유와 소유권에 관한 투쟁(1차 선거법 개정, chartist movement 등)이 있었고, 해상 무역의 발달은 아프리카 흑인 노예와 백인 노예 상인들 간의 노동과 육체적 자유에 대한 갈구가 있었고, 제국주의 시대에는 정치적 자유를 위한 투쟁으로 연결되었다.

예수님이 선포하신 자유는 유럽을 떠돌며 방황하다가 필그림들의 신대륙으로의 이주로 인해 인류를 향한 자유의 갈구는 미국 건국으로 급물살을 탄다. 미국의 필그림 정신은 자신들의 자유와 경제적 부에 만족하지 않고 신앙을 통해 세계를 향한 선교가 이루어지고 1961년부터 평화봉사단(Peace Corps)을 조직하여 미국의 청년들에게 각종 기술을 배우게 하여 그들을 2년의 기한으로 동남아시아·아프리카·중남미 등으로 파견함으로써 개발 도상국의 생활 수준 향상에 기여토록 한 평화봉사단의 활동으로 개발 도상국에 자유와 평화의 씨를 뿌리게 하였다.

미국의 독립선언문에는 인간이 가져야 할 인권을 강조하였고 정부는 국민의 인권을 지켜주어야 할 의무가 있음을 강조하고 있다. 그 내용은 "사람은 평등하게 창조되었고, 창조주는 몇 개의 양도할 수 없는 권리를 부여했으며, 그 권리 중에는 생명과 자유와 행복의 추구가 있다"는 것이다.

미국의 독립과 건국은 자유를 향한 인류의 꿈이 결실을 맺은 결과이다. 이후 미국이라는 나라는 전 세계를 향한 자유 민주주의의 전도사가 되었다. 인류가 체험한 여러 정치적 제도의 실험의 결과, 자유 민주주의 정치 제도하에서만 자유라는 가치관을 최대한 누릴 수 있기 때문이다. 이러한 인류 최고의 가치관을 지키기 위해 미국의 젊은 이들은 전 세계의 독재자나 공산주의와의 전쟁을 불사하지 않으며 이들의 죽음은 자유를 지키다 죽은 최고의 존엄이 되는 것이다.

자) 하나님이 만드신 세 국가 - 이스라엘, 미국, 대한민국

앞장에서 언급한 것처럼 역사상 세상에는 많은 국가들이 생겨나고 소멸되었는데 대부분의 국가들은 권력과 힘을 가진 자들에 의하여 형성된 국가들이다. 반면에 하나님의 구속사의 섭리에 의해 건국된 국가들이 있다. 먼저 이스라엘이라는 제사장 국가는 예수 그리스도가 자유를 선포하러 오시는 통로로 만들어진 국가다. 이 통로를 만들기 위하여 하나님은 시대적 소명자를 부르셔서 그 길을 예비하셨다. 이 세상에는 여호와를 믿는 신앙 한 가지만 있는 것이 아니라 각각의 나라들은 자신들의 국가를 지키는 수호신을 믿기 때문에 아브라

함의 후손 곧 이스라엘 백성이 아무리 열심히 여호와 하나님을 섬기려 노력한다 할지라도 강한 국가는 제국을 이루어 약소국을 복속시키고 종교적으로 혼합시키려 한다. 이를 막기 위해서는 혈연 공동체인 민족이 만들어져야 하며 이 민족은 신앙 공동체가 되어야 한다. 이를 위하여 성전과 제사장 제도가 확고해야 하고 국가는 이를 보호해야 한다. 이 준비가 무너지면 예수 그리스도가 이 땅에 오실 길이 없다. 그러므로 구약의 모든 제사장과 선지자 등 모든 소명자들은 예수 그리스도의 그림자나 예수 그리스도라는 퍼즐의 조각으로 세워졌던 것이다.

둘째로 미국이라는 국가는 예수님이 선포하신 자유를 위하여 건국되었고 자유를 선교하는 국가로 세워졌다. 하나님의 복음이 땅 끝까지 이르기 위해서는 신앙의 자유를 보장하는 정치 제도가 필요하다. 인류가 역사를 통하여 실험하고 체험한 정치 제도 중 신앙의 자유와 인권을 보장하는데 가장 적합한 정치 제도가 자유를 기치로 내세우는 민주주의 체제인 것을 필그림 파더들은 알았고 영국과의 독립 전쟁을 통하여 이들은 그렇게도 소망했던 자유 민주주의 합중국 미국을 건국했던 것이다.

처음에는 신앙의 자유를 찾아 신대륙으로 왔지만 유럽인

들은 신대륙의 풍부한 물자와 보물섬의 꿈을 품고 미국으로 향하였다. 영국으로부터의 독립과 왕성한 경제 발전에 힘입어 초창기의 미국 사회는 풍요로움을 구가했지만 영적으로는 타락의 길로 접어들고 있었다. 제1차 대부흥기를 거쳐 제2차 대부흥 운동은 미국의 젊은이들을 깨우기 시작했고 1806년 매사추세츠 지역의 작은 마을 윌리엄스 대학의 건초 더미로부터 선교의 불이 피어나기 시작했고 이들의 회개는 성공과 꿈의 실현을 자신들만 누릴 것이 아니라 하나님의 대한 감사의 발로로 복음을 전하는 선교로 이어지게 된다. 이러한 각성 운동을 일으킨 평신도 전도 왕이었던 드와이트 무디(1837-1899)의 영향을 받은 많은 젊은이들 중에 하나님은 언더우드와 아펜젤러 같은 선교사들을 불러내어 조선이라는 땅에 복음을 전하게 하셨다.

특히 하나님이 세우신 마지막 국가인 미국이라는 자유 민주주의의 전도사 국가로부터 복음의 전도를 받은 대한민국을 일으켜 세우기 위하여 많은 선교사들을 통해 이승만을 불러내어 모세처럼 40여 년의 미국에서의 광야 학교에서 훈련을 시키신 후 세계 정세를 보는 탁월한 안목을 키우게 하셔서 그 누구도 기대하지 못했던 자유 대한민국을 건국하게 하셨다. 하나님의 부르심을 입은 이승만 대통령은 건국 당시 약

30만 명의 기독교 인구수를 100만 명 기독교인을 달라고 기도하였고 이는 실재로 현실에서 기적적으로 그 뜻이 이루어지게 되었다.

하나님은 건국 대통령 이승만을 통하여 자유 민주주의 대한민국을 세우게 하신 거룩한 계획이 계셨다. 지금도 조금씩 그 뜻이 이루어져 가고 있다. 그것은 예수 그리스도가 선포하신 자유(복음)가 북한을 넘어 중국, 그리고 동남아시아를 넘어 중동과 땅 끝까지 이르게 하시는 하나님의 원대한 꿈이다.

8장

. . .

이승만 건국 대통령의 유언

성경에서 구약의 신명기서는 모세가 요단강 동편의 아라바 광야에서 자신은 하나님의 명령대로 그 땅에 들어 갈 수 없지만 그의 후손인 이스라엘 백성들이 가나안 땅에 들어가 앞으로 어떻게 살아야 할 것인지를 가르치고 유언으로 신신당부하는 설교의 말씀이다. 모세는 125세에 가나안 땅이 내려다 보이는 느보산에서 저들의 앞날을 걱정하며 눈을 감는다.

그의 설교 중에 가장 중요한 부분이 나오는데 신명기 17:14 이하의 유언의 말씀이다. 이스라엘 백성들이 가나안 땅에 들어가 살다 보면 언젠가는 이방 열국의 나라들처럼 우리 위에 왕을 세우고자 한다면 이렇게 하라고 예언하며 당부한다. 모세의 걱정처럼 이스라엘이 신앙적으로 타락하지 않게 하기 위하여 왕은 이스라엘 형제 중에서 세워야 하고 왕은 하나님 대신 군대를 의지하지 않도록 말을 많이 두지 말 것과 마음을 정하게 하기 위해 아내를 많이 두지 말 것과 백성들에게 지나친 과세를 하지 않도록 은금을 쌓아놓지 않도록 당부하면서 왕은 반드시 제사장 앞에 놓인 하나님의 말씀을 등사하여 마음을 겸손히 하고 하나님의 명령에서 좌로나 우로나 치우치지 아니하고 신앙을 지켜 나가도록 해야 한다고 당부한다.

이 말씀으로 미루어 보면 백성들 위에 세워지는 왕은 권력의 전권을 갖게 되는 것같지만 하나님은 왕의 권력을 제사장과 분립시켜 권력을 견제하도록 하고 있다는 사실이다. 이 대목에서 하나님이 원하시는 이스라엘의 왕정 제도는 이방 나라의 왕은 모든 권력을 갖게 되는 무소불위의 힘을 갖는 반면 이스라엘에 허락된 왕은 제사장의 견제를 받도록 하는 현재의 삼권분립의 낮은 단계의 제도로 허락하셨다는 것을 간과해서는 안 된다. 이 사실을 알아야 왜 이스라엘 초대 왕으로 세움을 받은 사울 왕가가 몰락했는지 그 해답을 얻을 수 있다. 사울 왕은 블레셋과의 믹마스 전투에서 제사장 사무엘이 더디 오는 것을 못 기다리고 스스로 제사를 드려 제사장권을 침해하고 말았기 때문이다.

성경은 신구약을 통하여 이 부분을 분명히 전하고 있다. 구약 시대에는 자유를 제한하는 힘과 권력이 왕과 제사장에게 분리되어 있지만 이스라엘의 왕으로 그리고 영원한 대제사장으로 오시는 예수 그리스도는 그를 따르는 모든 하나님의 백성들을 왕 같은 제사장으로 세워 주시겠다는 확고한 약속을 주신다(벧전 2:9). 이와 같은 사실을 이해해야 하나님의 자녀는 왕 같은 제사장의 권력을 갖게 되었지만 진정한 자유를 위해 권력을 다른 사람을 위해 사용하는 책임지는 자유를 얻게 되는 것이다. 예수님의 온유함이 무엇인가? 바로 자신에게 주어진 자유 의지를 나 자신을 위하여 사용하는 것이 아니라 아버지의 뜻대로 사용하시는 온유와 겸손의 마음이다.

모세의 이 같은 유언의 말씀은 마지막 사사이자 선지자인 사무엘 선지자 때 드디어 나타난다. 사무엘 선지자가 늙어 기력이 쇠하자 이스라엘 백성들은 자신들 위에 왕을 세워줄 것을 요구한다(삼상 8:5). 이에 하나님은 사무엘 선지자에게 왕정 제도를 허락하며 분명히 경고하고 있다. 왕이 세워지면 이스라엘의 모든 백성들은 왕의 노예가 되어 하나님이 주시는 자유를 잃게 될 것과 그때에는 하나님께 부르짖어도 응답하지 않을 것이라고...(삼상 8:14-18).

모세의 우려와 걱정은 이스라엘 백성들에게 그대로 이루어져 하나님의 자녀에서 인간 왕의 종이 되는 비극을 맞게 된다.

이승만 건국 대통령은 제국주의로부터, 공산주의로부터 세상의 사탄 마귀의 힘과 권력으로부터의 투쟁을 이기고 대한민국을 자유 민주주의 국가를 세우신 한국의 역사를 뛰어넘는 전 세계적으로 위대한 분이다. 왜냐하면 이승만 대통령의 걱정과 유언은 그 당시에도 그리고 현재에도 우리 대한민국 국민들에게 그대로 유효하기 때문이다.

> "잃었던 나라의 독립을 다시 찾는 일이 얼마나 어렵고 힘들었는지 우리 국민은 알아야 하며 불행했던 과거사를 거울삼아 다시는 어떤 종류의 것이든 노예의 멍에를 메지 않도록 해야 한다. 이것이 내가 우리 민족에게 주는 유언이다."

이 얼마나 지금 우리의 현실에 적합한 유언인가? 그분은 미군정을 설득하랴, 공산주의자들과 싸우랴, 아무것도 알지 못하는 무지한 세상과 싸우느라 노심초사 오로지 자유 민주주의 대한민국의 안위를 걱정하셨던 분이다.

이승만 대통령의 근심과 걱정은 양아들 이인수 박사를 통해 우리 국민에게 유언으로 전해졌다. 그리고 그는 하와이에서 마지막을 보내면서 고국을 걱정하며 이인수 박사가 옆에 있기만 하면 걱정과 노파심으로 잠꼬대처럼 이렇게 물었다고 한다.

"지금 우리나라 대한민국에서 남북통일을 하려는 이가 있기는 한가?" 이인수 박사가 "대한민국 국민들이 바라는 소원이니 모두 생각하고 있습니다."라고 대답하면 이승만 대통령은 또 이렇게 말하곤 했다. "그까짓 생각만 해서 뭐해? 아, 이승만이가 한바탕 했으면 또 누군가 나서서 해야 하잖아? 내 소원은 백두산까지 걸어가는 게야."라고 말했다고 한다. 그렇다. 자유는 생각만으로 지켜지는 것이 아니라 행동하고 노력하고 죽기까지 싸워야 얻을 수 있는 땀과 눈물과 피의 산물이다. 초대 교회 당시 기독교 교부이자 신학자인 터툴리안은 "교회는 순교자들의 피 위에 세워진다."고 말한 것처럼 자유 대한민국을 지키기 위해서는 말 뿐만 아니라 행동하는 애국자들이 필요한 시대다.

우리가 잘 알고 있지 않은가? 1953년 휴전의 조건으로 한미 군사 동맹을 맺기 위하여 얼마나 어렵고 무모해 보이는 모험을 감행하였는지를… 이승만 대통령은 한미 군사 동맹을 위해 아이젠하워 대통령에게 보낸 서한에서 이렇게 쓰고 있다.

"우리의 전략적 위치는 우리가 명백하고 의문의 여지없이 강하지 않으면 항상 러시아, 일본, 중국에 그리고 타국에 대한 침략의 통로로서 우리를 공격하고 싶은 유혹을 느끼게 하고 있습니다. 아시아를 위한 순수한 안보 제도가 한국의

독립과 한국의 국력이라는 강력한 기초 위에 놓여있지 않으
면 안 된다는 결론에 도달하게 되는 것입니다."

이승만은 당시의 현안에 급급한 것이 아니라 미래를 내다
보며 한미 군사 동맹의 필요성을 강조하고 있다. 아마 그 당
시에는 우리 대한민국의 실정에서만 보면 한미 동맹이 얼마
나 허황된 꿈인지 영국의 윈스턴 처칠도 반대하지 않았는가?
그러나 이승만의 혜안으로 이제는 중국과의 세계 패권을 겨
루는 미국의 입장에서 보면 이승만이 얼마나 고마우며 혹시
라도 대한민국이 한미 동맹을 파기하자고 나오면 어떻게 해
야할지 내심 고심하고 있는 상황으로 바뀌었다고 볼 수 있다.
　이승만 대통령은 1953년 8월 3일 덜레스 미국무부 장관과
의 협상을 앞두고 작성한 비망록에 이렇게 기록하고 있다.

"한국은 이미 한국 국민들로 하여금 현대에 들어와 최악의
파괴를 감내하도록 만든 반공, 친민주 그리고 친미적 정책의
지속에 스스로 충실할 것을 맹세하고 있다. 미래에는 과거처
럼 북아시아에서 자유와 민주주의의 믿을 만한 요새가 되고
자유 세계의 방위를 위한 초석이 되도록 노력해야 한다."

그의 이런 노력으로 한미 군사 동맹을 맺게 된 후 이렇게 후손들을 향해 유언처럼 예언했다.

"이 조약으로 우리 후손들은 앞으로 많은 혜택을 볼 것이다."

이승만 대통령의 혜안은 백 년을 내다보는 제임스 웹 우주 망원경 같다. 조선 말기 열강이 한반도를 둘러 쌓고 있는 상황이나, 제2차 세계 대전 종전의 상황이나, 냉전을 거치며 70여 년이 지난 현재의 국제적 정황은 변한 것이 없다. 우리 한반도의 지정학적 운명처럼 열강들의 각축장이 되었다 할지라도 이제는 건국 대통령 이승만의 유언과 같은 예언으로 우리 스스로가 열강들 속으로 뛰어들어가 저들을 선도하여 자유 민주주의의 방패와 창이 되어야 하고 또 그렇게 되어가고 있음에 우리 스스로 자긍심을 가지고 거센 파도처럼 울렁이는 세계 정세에 대처해야 한다.

9장

...

이승만의 마지막 기도

1960년 4월 19일 오후, 당시 여의도 국회의사당 앞에 모였던 시위대 2000여 명은 대통령 관저였던 경무대를 향해 행진을 시작했다. 시위대가 경무대 입구에 도착하자 당황한 경찰이 총을 쏘기 시작했다. 불행이도 그곳에서 일어나지 말아야 할 21명이 사망하는 참사가 벌이지고 말았다. 이 소식은 일파만파 번지기 시작해 흥분한 서울 시민 20만 명이 시위대에 합류했고 그 기세는 전국으로 번져 나갔다. 이날 수백 명의 사상자가 발생한 사태도 이승만 대통령은 뒤늦게 알게 되었다. 그는 병원으로 달려가 위문하면서도 "불의를 보고도 일어나지 않는 백성은 죽은 백성이지. 젊은이들이 장하다.", "경찰이 백성을 죽이다니? 나라가 어떻게 백성을 죽일 수 있어?"라고 눈물을 흘리며 말했다. 그리고 돌아와 '국민이 원하면 하야한다.' 이 일이 벌어지고 7일이 지난 후 26일 측근으로부터 데모 상황을 보고받은 이승만 대통령은 침통한 표정으로 울먹이

듯 말했다.

> "그래, 오늘은 한 사람도 다치게 해서는 안 되네. … 어떻게
> 하면 좋을까? 내가 그만 두면 한 사람도 안 다치겠지? … 자
> 네 생각은 어떤가? 내가 그만두면 한 사람도 안 다치겠지?"

이날 이승만 대통령은 "나는 해방 후 본국에 돌아와서 우리
애족하는 동포들과 더불어 잘 지냈으니 이제는 세상을 떠나
도 여한이 없습니다."라는 내용의 하야 성명을 발표했다.

그로부터 한 달 후 이승만 대통령은 생전에 다시 오지 못할
조국을 떠나 미국 하와이로 가는 비행기에 올랐다. 많은 사람
은 이승만 대통령이 하와이로 망명한 것으로 알고 있지만 사
실은 망명이 아니라 휴양 차 한두 달 여행을 떠난 것이었다.
국민들의 하야 요청을 받아들여 자기 발로 대통령 관저를 걸
어 나온 대통령이 독재자일리도 없을 뿐더러 굳이 망명을 떠
날 이유가 없었던 것이다.

이승만 대통령은 사저인 이화장을 나서면서 "늦어도 한두
달 후면 돌아올 테니 집 잘 봐주게"라고 배웅 나온 사람들에
게 말했고 또 비행기로 이승만 대통령을 안내한 허정 권한 대
행은 "염려마시고 푹 쉬고 오십시오"라고 인사했다. 그런데

1965년 이승만 대통령은 생전에 고국 땅을 밟지 못했고 그렇게도 그리던 조국의 땅을 죽어서야 밟게 되었다.

4·19 혁명은 우리 역사에서 국민이 들고 일어나 정권을 바꾼 최초의 사건이다. 이승만에게 배워 국가의 주권은 국민에게 있다는 민주주의의 기본 원리를 지키기 위해 집권자가 피지배자의 요구에 의해 정권을 내려놓은 민주주의 전형이기에 역사적 사건이라고 말 할 수 있다. 여기에 4.19 혁명의 깊은 의미가 있는 것이다.

이승만은 고국으로 귀환하지 못하고 5년여 동안 하와이에서 고국으로 돌아올 날만 손꼽으며 힘든 투병 생활을 계속했다. 그는 날마다 국가를 위해, 민족을 위해 기도했다.

"...이제 저의 천명이 다하여감에 아버지께서 저에게 주셨던 사명을 감당치 못하겠나이다. 몸과 마음이 너무 늙어버렸습니다. 바라옵건대, 우리 민족의 앞날에 주님의 은총과 축복이 함께 하시옵소서. 우리 민족을 오직 주님께 맡기고 가겠습니다. 우리 민족이 굳게 서서 국방에서나 경제에서나 다시는 종의 멍에를 메지 않게 하여 주시옵소서."

히브리 민족의 지도자였던 모세와 대한민국을 건국한 이승만은 같은 듯하면서도 다른 부분이 있다. 모세가 하나님의 말씀과 명령을 받고 이스라엘 백성들에게 전달하는 대언자로 쓰임받았다면 이승만은 하나님과 백성의 중간에 서서 중보자로 쓰임받았다고 할 수 있다. 이스라엘을 향한 마지막 설교인 신명기서를 통해 살펴보면 모세는 이스라엘을 축복하며 하나님의 말씀을 대언하고 있다. 그러나 이승만은 마지막 기력이 다할 때까지 멈추지 않은 그의 기도는 하나님께 무릎을 꿇고 당부하고 부탁드리는 중보의 기도였다. 이는 마치 예수님이 세상에 두고가는 자기 백성을 위해 중보하는 기도와 같다고 할 수 있다.

우리 민족을 위한 그의 축복의 기도는 파란만장한 생을 마치는 순간까지 멈추지 않았다. 매일 수많은 군인들과 국민이 죽어 나가는 전쟁의 포화 속에서도 끊이지 않았던 그의 기도는 그가 할 수 있는 최상의 무기였고 사명이었고 보람이었다. 지금도 그는 하늘에서 조국 자유 대한민국을 보며 중보하고 있을 것이다.

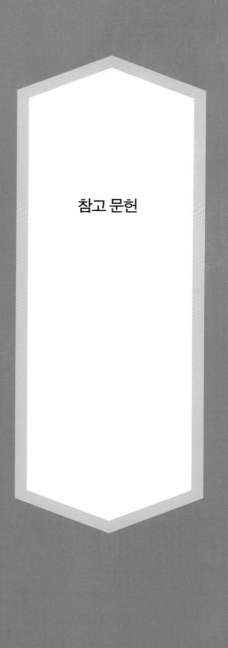

참고 문헌

참고 문헌

우남 이승만 대한민국을 세우다 (이한우, 2008)

『이승만과 하와이 한인사회』(오영섭, 연세대학교 출판문화원, 2012)

『순응과 저항을 넘어서』(신욱희, 서울대학교 출판문화원, 2010)

『건국과 부국』(김일영, 기파랑, 2010)

『이승만이 없었다면 대한민국 없다』(로버트 올리버 저·박일영 역, 동
　　서문화사, 2008)

『이승만과 제1공화국』(서울대학교 국제문제연구소, 논형, 2007)

『이승만과 제1공화국』(서중석, 역사비평사, 2007)

유영익 외, 『이승만 연구 - 연세대학교 현대한국학연구소 학술총서 2』
　　(연세대학교 출판부, 2000)

이덕희, 『하와이 대한인국민회 100년사』(연세대학교 대학출판문화
　　원, 2013)

유영익, 『이승만과 대한민국 임시 정부 : 현대한국학연구소 학술총서
　　13』(연세대학교출판부, 2009)

프란체스카 도너, 『6·25와 이승만 : 프란체스카의 난중일기』 (기파랑, 2010)

이승만, 『일본 그 가면의 실체』 (대한언론인회, 2007)

이승만, 『이승만 한시선 - 이승만 연구 총서』 (이수웅 역, 배재대학교출판부, 2007)

김충선 외, 『풀어쓴 독립정신』 (청미디어, 2008)

이주영, 『우남 이승만 그는 누구인가』 (김앤정, 2008)

로버트 올리버, 『이승만 없었다면 대한민국 없다 - 나라세우기 X파일』 (동서문화사, 2008)

로버트 올리버, 『대한민국 건국의 비화 - 이승만과 한미 관계』 (계명사, 1990)

김충남, 김효선 『풀어쓴 독립정신』 2008

프란체스카 도너, 『6·25와 이승만 : 프란체스카의 난중일기』 (기파랑, 2010)

양동안, 『대한민국 건국사』 (이승만 박사기념사업회, 1998)